극우의 노래

극우의 노래

한국의 극우, 그들은 누구인가 / 남태현 지음

오월의봄

들어가는 글

한국의
극우를
만나다

    한국 극우에 대한 연구는 2019년 캐나다의 토론토대학에서 열린 한 학회에서 출발했습니다. 아시아의 민주주의 퇴보와 위협에 대한 열띤 토론이 있었고, 저는 태극기부대를 통해 한국의 민주주의 체제를 분석했습니다. 그게 시작이었죠. 최순실-박근혜 게이트가 마무리된 후에도 박근혜를 지지하는 사람들은 어떤 마음일까? 왜 저 사람들은 박근혜뿐 아니라 독재자 박정희를 흠모할까? 독재 시절을 어떻게 그리 그리워할 수 있을까? 정치 분석을 업으로 하는 학자로서도, 독재 시절을 기억하는 개인으로서도 이해하기 힘들었습니다. 그래서 몇 번이고 한국을 찾았습니다. 여름마다 이들의 집회를 따라다녔고 인터뷰를 거듭했습니다. 이 책은 그 연구의 한 결실입니다.

또 다른 결실은 제 부끄러움입니다. 박근혜 탄핵 정국에 화났던 만큼, 그 지지자들에 대한 분노도 컸습니다. 제정신이 아닌 사람들이라고 여겼죠. 하지만 서울역 광장의 뜨거운 햇살 아래에서 만나 이야기를 나눈 그들은, 당연한 말이지만, 보통 사람들이었습니다. 이런저런 이유로 그 자리에 나온 우리의 이웃과 가족이었습니다. 이를 새삼 깨닫고 부끄러웠습니다. 선입견 없이, 사회의 깊은 원리를 파헤치라는 사명을 안은 연구자로서 그런 편견을 가졌으니까요. 태극기부대라는, 극우라는 굴레는, 사람에 대한 낙인이 아닌, 현상 설명의 도구임을 이해해주시기를 바랍니다

그런 마음으로 책을 준비하고 있던 2024년 12월 3일 아침, 윤석열 대통령이 계엄을 선포했습니다. 그 소식을 듣고 몹시 당황했습니다. 태평양 건너에 있는 몸이라 이 소식을 뒤로하고 수업을 하러 강의실로 갈 수밖에 없었죠. 갑자기 1980년대가 소환된 느낌이었습니다. 하지만 윤석열과 그의 동조자들이 기억하는 세상은 저를 포함해 대부분의 사람들이 느낀 것과 다른 것이었습니다. 그리고 세상은 이들을 용납하지 않았습니다. 이 사건 탓에 처음 구성안의 한 구석만을 차지했던 윤석열에게 더 큰 공간을 할애해야 했고, 책 내용은 크게 달라졌습니다.

책은 2024년 12월 3일 밤에서부터 시작합니다. 그날 벌어진 극우의 난동을 따라가며, 이들이 어떻게 주도권을 잡게 되었는지를 되짚습니다. 2장에서는 이명박과 박근혜 정부 시절 극우가 어떻게 등장하고, 부활했는지를 살펴봅니다. 뉴라이트를 출발점으로 보고, 그들의 득세가 한국 민주주의의 후퇴와 어떻게 맞물렸는지 짚어봅니다. 3장은 박근혜의 몰락을 중심에 두고, 4장에서는 그 몰락이 어떻게 태극기부대의 탄생으로 이어졌는지를 분석합니다. 이어지는 5장에서는 태극기부대의 활동가들과 그들의 면면을 자세히 들여다봤고, 6장에서는 권위주의, 반공주의, 친미라는 그들의 정체성을 정리합니다. 7장에서는 한국의 극우를 서구의 극우와 비교해보고, 8장에서는 태극기부대가 어떻게 성장했는지를 추적합니다. 마지막 9장에서는 극우가 어떻게 진화하고 있는지를 살펴봤습니다.

책이 나오는 데 수많은 이들의 도움이 있었습니다. 그 도움과 공을 다 잘 엮어냈는지 모르겠습니다.

연구의 물꼬를 터준 토론토대학의 이윤경 교수님께 깊이 감사드립니다. 솔즈베리대학·솔즈베리대학 재단의 지원으로 이 연구를 할 수 있었습니다. 인터뷰에 응해준 모든 분께도 감사드립니다.

모자란 글을 흔쾌히 책으로 내자고 해준 박재영 대표님과 제 글을 읽고 다듬어준 오월의봄 식구들에게도 빚이 많습니다.

여의도의 한 카페에서 이 책의 많은 부분을 쓰고 정리했습니다. 제 혈관의 카페인 농도를 유지해준 '서울커피' 여러분들의 따스함에도 감사드립니다.

한 번씩 한국에 혼자 나갈 수 있게 배려해준 아내 김종숙의 응원 덕에 이 책이 세상에 나올 수 있었습니다. 진심으로 감사드립니다.

차가운 아스팔트 위에서 온몸으로 군인을 막은 시민들 덕에 한가하게 글이나 끄적이고 있을 수 있었습니다. 그전에도, 또 그전에도 수많은 분들의 희생이 있었음을 기억합니다.

이 책은 과거를 정리했지만, 우리의 미래를 비칠 수 있으면 좋겠습니다.

2025년 여름,
미국 솔즈베리대학의 새로 이사한 연구실에서

남태현 드림

차례

들어가는 글: 한국의 극우를 만나다 · 4

1장 / **비상계엄이 선포된 날:
극우화된 한국사회의 민낯 · 10**

12·3 비상계엄 | 극우 세계관 | 극우의 주도권 | 1·19 폭동

2장 / **극우세력을 통치에 활용한 정부:
뉴라이트와 어버이연합 · 28**

"잃어버린 10년" | 보수의 귀환 | 뉴라이트의 이념 지향 |
극우의 등장 | 민주체제의 퇴락

3장 / **박근혜 스캔들과 시민의 저항:
한국 민주주의의 전환점 · 52**

2016년 박근혜 스캔들의 시작 | 최순실은 누구인가 |
박근혜 지지율 5%대로 추락 | 촛불집회가 시작되다

4장 / **촛불집회 VS 친박집회:
태극기부대의 탄생 · 70**

촛불집회, 박근혜를 몰아내다 |
친박집회, 박근혜를 지키기 위해 모이다 | 박근혜 파면, 분노한 시위대

5장 / 태극기부대, 그들은 누구인가: 극우세력의 궤적 · 90

극우 조직, 태극기부대로 재편 | 태극기부대의 여러 모습들: 대한애국당(현 우리공화당), 사랑제일교회, 일파만파, 태극기혁명국민운동본부, 활동가들-서울역 앞 노년 여성, 활동가들-문재인 전 대통령 사저 앞 노년 남성

6장 / 한국 극우의 사상: 변하지 않는 그들만의 신념 · 108

박씨 가문 | 권위주의 옹호와 법치주의 경시 | 반공 | 친미

7장 / 누가 극우인가: 유럽 극우와 한국 극우의 같은 점과 다른 점 · 136

'극우'의 의미 | 유럽의 극우 | 한국의 극우 | "반공세력이 곧 우리 민족" | 극우와 비슷한 한국 우파의 특징

8장 / 무엇이 그들을 태극기부대로 만들었나: 극우의 성장 배경 · 162

정치적 고립 | 경제적 고립 | 태극기부대의 조직력 | 그들만의 소통 창구 | 그들만의 시위 문화, 그리고 유튜브

9장 / 한국 극우의 새로운 흐름: 청년 남성의 등장과 중국 혐오 · 184

반중 정서 | 극우에 청년들이 모이는 이유 | 이대남의 불만 | 세계적 극우 흐름

맺는 글: 우리는 길을 만들 수 있을까 · 206
윤석열과 극우의 부활 | 한국사회의 숙제 | 한국사회의 희망

참고문헌 · 219

1장

비상계엄이 선포된 날

극우화된 한국사회의 민낯

12·3 비상계엄

2024년 12월 3일은 평범한 하루였습니다. 가수 백지영이 데뷔 25주년을 맞아 미니 앨범을 발매했다는 뉴스가 있었죠. 전날 12월 2일에는 윤석열 대통령이 충남 공주시 산성시장을 방문해 시장 안에 있는 라디오방송국에서 라디오 디제이를 본 것도 화제였습니다. 그날 저녁 명태균이 구속 상태에서 재판에 넘겨진 게 가장 큰 뉴스였습니다. 신문선 전 해설위원이 축구협회장 선거 출마를 알린 것도 이날이었죠. 그렇게 저녁 뉴스까지 마치고 평소처럼 하루가 저물고 있었습니다. 그러나 윤석열 대통령의 특별담화로 모든 것이 달라졌죠.

밤 10시 30분쯤, 젊은 보좌관이 끌어다 준 의자에 앉은 윤석열 대통령은 믿기 힘든 담화를 발표했습니다. 바로 비상계엄 선포였죠. 계엄이라니, 어안이 벙벙할 뿐이었습니다. 군은 즉각 움직였습니다. 김용현 국방부 장관은 전국 주요 지휘관 회의를 열고 전군에 비상경계와 대비태세 강화를 지시했죠. 국회도 빠르게 움직였습니다. 민주당은 의원들을 국회로 긴급 소집했습니다. 여당 국민의힘 한동훈 대표는 윤 대통령의 계엄 선포에 대해 "잘못된 결정"이라며 "국민과 함께 막겠다"고 선언한 뒤 국회 본회의장으로 향했습니다. 이재명 민주당 대표도 즉시 국회로 이동했죠. 밤 11

시, 계엄 발표 후 30분도 지나지 않아 상황은 급박하게 돌아갔습니다. 국회 앞은 국회의원과 보좌진이 들어가려는 것을 경찰이 막으면서 아수라장이 되었습니다. 시민들이 여의도로 몰려들었고, 무장한 계엄군을 태운 군 헬기가 국회로 날아들었습니다. 그들은 곧 국회를 휩쓸었습니다. 국회 유리창을 부수고, 국회 내부를 휘젓고 다녔습니다. 자정을 넘긴 새벽 1시, 시민과 보좌관들이 계엄군을 막는 혼란 속에서 국회 본회의에 비상계엄 해제 요구 결의안이 상정됐습니다. 재석 의원 190명 전원 찬성으로 가결되었고, 국민의힘에서는 친한동훈계 의원 18명이 표결에 참여했죠. 결국, 윤석열 대통령이 선포한 비상계엄은 3시간도 안 돼 무효가 되었습니다.

군은 국회에서 철수했지만, 정국은 여전히 혼란스러웠습니다. 윤석열 대통령의 대응이 불분명했기 때문이었습니다. 대통령은 침묵을 지속하다 새벽 4시가 넘어서야 대국민 담화를 발표했습니다. 그는 국회의 요구를 받아들여 비상계엄을 해제하겠다고 밝혔죠.

조금 전 국회의 계엄 해제 요구가 있어 계엄 사무에 투입된 군을 철수시켰습니다. 바로 국무회의를 통해 국회의 요구를 수용하여 계엄을 해제할 것입니다. 다만, 즉시 국무회의를 소집하였지만 새벽인 관계로 아직 의결 정족수가 충족되지 못해서 오는 대로 바로 계엄을 해제하겠습니다.

그러고는 곧 윤 대통령은 국무회의를 열어 비상계엄을 공식 해제했습니다. 비상계엄 선포로부터 약 6시간 만에 사태가 끝이 난 겁니다.

동이 트고 새날이 밝아왔지만, 어둠은 이어졌습니다. 애들 학교는 갈 수 있는 건지, 출근은 해도 되는 건지 알 수 없었죠. 그럴 수밖에요. 책이나 영화에서나 보던 일이 불과 몇 시간 전에 벌어졌으니까요. 일상을 즐기고 걱정하던 시민들은 정말 꿈꾼 듯한 혼란에 빠졌습니다. 2024년에 벌어진 일이 맞나? 대한민국에서 벌어진 일이 맞나? 무엇보다 모든 사람이 궁금해하고 이해할 수 없었던 질문은 "왜 이 시국에 비상계엄을 선포했나?"였죠. "전시·사변 또는 이에 준하는 국가비상사태"도 아니었는데 무슨 이유로 선포했을까? 그것도 왜 무장 군인을 국회에 들여보냈을까? 계엄 선포 담화에서 대통령은 그 이유를 이렇게 설명했습니다.

지금까지 국회는 우리 정부 출범 이후 22건의 정부 관료 탄핵소추를 발의하였으며, 지난 6월 22대 국회 출범 이후에도 10명째 탄핵을 추진 중에 있습니다. …… 판사를 겁박하고 다수의 검사를 탄핵하는 등 사법 업무를 마비시키고, 행안부 장관 탄핵, 방통위원장 탄핵, 감사원장 탄핵, 국방부 장관 탄핵 시도 등으로 행정부마저 마비시키고 있습니다.

국가 예산 처리도 국가 본질 기능과 마약범죄 단속, 민생 치안 유지를 위한 모든 주요 예산을 전액 삭감하여 국가 본질 기능을 훼손하고 대한민국을 마약 천국, 민생 치안 공황 상태로 만들었습니다. 민주당은 내년도 예산에서 재해대책 예비비 1조 원, 아이돌봄 지원 수당 384억 원, 청년 일자리, 심해 가스전 개발 사업 등 4조 1천억 원을 삭감하였습니다. …… 예산까지도 오로지 정쟁의 수단으로 이용하는 이러한 민주당의 입법 독재는 예산 탄핵까지도 서슴지 않았습니다.

한마디로 야당 탓이라는 겁니다. 이를 해제하는 담화에서도 마찬가지였죠.

저는 …… 국가의 본질적 기능을 마비시키고 자유민주주의 헌정질서를 붕괴시키려는 반국가세력에 맞서 결연한 구국의 의지로 비상계엄을 선포하였습니다. …… 거듭되는 탄핵과 입법 농단, 예산 농단으로 국가의 기능을 마비시키는 무도한 행위는 즉각 중지해줄 것을 국회에 요청합니다.

12월 12일 2차 담화에서는 부정선거를 그 이유로 들었습니다.

[선관위] 시스템 장비 일부분만 점검했지만, 상황은 심각했습니다. 국정원 직원이 해커로서 해킹을 시도하자 얼마든지 데이터 조작이 가능하였고 방화벽도 사실상 없는 것이나 마찬가지였습니다. 비밀번호도 아주 단순하여 '12345' 같은 식이었습니다. 시스템 보안 관리 회사도 아주 작은 규모의 전문성이 매우 부족한 회사였습니다. 저는 당시 대통령으로서 국정원의 보고를 받고 충격에 빠졌습니다.

중국의 위협도 생뚱맞게 등장합니다.

중국인 3명이 드론을 띄워 부산에 정박 중이던 미국 항공모함을 촬영하다 적발된 사건이 있었습니다. …… 원전산업, 반도체산업을 비롯한 미래 성장 동력은 고사될 것이고, 중국산 태양광 시설들이 전국의 삼림을 파괴할 것입니다.

윤 대통령의 설명은 오히려 나라를 더 큰 충격에 빠뜨렸습니다. 이해하기도 어렵고, 설득력도 부족했으니까요. 대통령이 주장한 비상계엄의 주된 이유는 부정선거의 척결과 의회 독재의 종식이었습니다. 하지만 탄핵은 헌법이 보장한 의회의 권리입니다. 삼권분립의 기본 원칙이기도 하고요. 의회는 헌법과 법률에 따라 정상적으로 돌아가고 있었습니다. 게다가 민주당 등 야당 주도로 탄핵이 이어졌던 건, 대통령의 무리한 국정 운영의 결과였습니다. 윤석열의 설명은 앞뒤가 바뀐 억지였죠. 핸드폰을 너무 많이 본다며 잘 때밖에 두라는 엄마에게 소리 지르는 초등학생과 비슷한 꼴이었죠. 설사 그 억지를 받아준다고 해도, 비상계엄은 말도 안 되는 대응이었습니다. 아무리 핸드폰이 보고 싶어도 엄마에게 칼을 휘둘러서야 되겠습니까.

부정선거 주장도 마찬가지입니다. 부정선거가 없었다는 결론은 이미 나 있는 상태였습니다. 한두 번도 아니었죠. 2022년 대법원은 원고 민경욱 전 의원의 주장을 막연한 의혹 제기에 그칠 뿐이라며 일축했습니다. 이를 비롯해 2020년 21대 총선 관련 선거무효 소송이 무려 140여 건 제기됐습니다. 하지만 한 건도 받아들여지지 않았죠. 중앙선거관리위원회에서도 의혹에 대한 설명을 내놓고 부정선거는 없었다며 확인해주었습니다. 그럼에도 대통령이 부정선거를 주장하고 나온 것이죠. 침대 밑에 귀신이 없다고 몇 번이고 보여주고 타일러도 또 나와서 귀신이 있다고 말하는 아이 꼴이었습니다.

극우 세계관

윤석열 대통령은 극우 유튜브에 정보와 분석을 의존해왔습니다. 대통령실 관계자들에 따르면, 윤 대통령은 "조·중·동은 보지 말라, 유튜브에 민심이 있다"라는 말을 했다고 합니다. 이에 대통령실 내부에서는 유튜브에 과도하게 의존하는 대통령을 우려해 '유튜브 거리두기'를 제안했지만, 이런 조언은 외면받았다고 하죠. 윤의 극우 유튜브 의존은 대통령의 지도력이 가장 필요할 때 더 두드러졌습니다. 2022년 이태원참사가 한 예입니다. 김진표 전 국회의장의 회고록에 따르면, 윤 대통령은 참사와 관련해 "특정 세력에 의해 유도되고 조작된 사건일 가능성도 있다"는 의혹을 제기했다고 합니다. "참사와 관련해 강한 의심이 가는 부분"이라는 것은 '바닥에 기름이 뿌려졌다' '민주노총 관계자들이 연루됐다'는 등의 다소 황당한 유언비어입니다. 이런 의심을 대통령이 했다는 게 기막히지만, 윤이 따라다닌 극우 세계에서는 이런 말이 진실처럼 통했습니다. 2022년 11월

〈이봉규TV〉에서는 "현장에 각시탈을 쓴 사람들이 있었고, 이들이 기름병을 손에 들고 있는 것 같다"는 주장을 제기했습니다. 또 다른 채널인 〈신의한수〉에서는 "촛불집회 세력들이 이태원으로 합류하면서 사고가 커졌다"는 주장을 펼쳤죠. 이런 유언비어를 대통령이 보고 따른 겁니다.

계엄 선포 이유도 마찬가지입니다. 계엄 후 2024년 12월 12일 대통령 담화에서 윤은 민주당의 예산 삭감을 비판하며 "원전 생태계 지원 예산을 삭감하고, 체코 원전 수출 지원 예산은 무려 90%를 깎아버렸다"고 말했습니다. 그런데 이 발언 역시 극우 유튜브에서 유사한 주장을 미리 접할 수 있었습니다. 보수 유튜브 〈고성국TV〉는 담화보다 사흘 전인 12월 8일, '민주당이 삭감한 윤석열 예산'이라며 "원전 생태계 지원 예산 1,112억 원과 소형 모듈 원자로 예산 332억 원이 전액 삭감됐다"고 주장했습니다. 또한 윤 대통령은 "국정원 직원이 해커로서 해킹을 시도하자 얼마든지 데이터 조작이 가능하였고, 방화벽도 사실상 없는 것이나 마찬가지였다"며 "비밀번호도 아주 단순하여 '12345' 같은 식이었다"라고도 주장했죠. 이 역시 극우 유튜브와 맥을 같이합니다. 전광훈 목사는 탄핵 반대 집회를 이끌며 〈고성국TV〉에 출연해 "국정원이 선관위를 해킹했으며, 일곱 번 시도 중 여섯 번이 뚫렸다"고 말했습니다. 부정선거론을 지속적으로 주장해온 황교안 전 국무총리도 자신의 유튜브 채널에서 "선관위 시스템의 비밀번호가 '12345'였다"며 선관위를 비판한 바 있습니다. 이런 음모론은 사실무근이었지만, 극우 유튜브를 중심으로 확대 재생산되었습니다. 정부 차원의 대응이 필요했지만, 대응은 고사하고 대통령이 극우 음모론 장단에 춤을 춘 것이죠.

극우의 주도권

계엄이라는 엄중한 사태에서 대통령이 자신들의 주장을 되풀이하자 극우는 신이 났습니다. 극우 유튜브와 집회에서는 윤석열 대통령을 감싸며 계엄을 옹호하는 주장이 이어졌습니다. "계엄은 불가피했다"라는 논리가 반복되었죠. 그들이 줄곧 떠들고, 대통령이 되씹은 국회와 야당 탓을 되풀이했습니다. "국회가 가장 극단적인 수단인 탄핵을 선택했으니, 대통령도 가장 극단적인 수단을 고민할 수밖에 없었다. 정부를 마비시키려는 야당 때문이다"라는 식의 주장이 주를 이뤘습니다. 이재명 민주당 대표에 대한 비난도 이어졌습니다. 전광훈 목사는 한 집회에서 "이재명이 범죄자인데, 윤석열을 탄핵할 자격이 있나"라고 목청을 높였고, 이에 극우 지지자들은 열광했습니다. "전광훈 목사님, 대통령님을 구해주세요"라는 댓글이 잇달아 달렸죠.

이들의 비난은 여당도 비껴가지 않았습니다. 이들은 한동훈 당시 국민의힘 대표를 비판했습니다. 여당이 대통령의 국정 운영을 돕기보다 대표 자신을 위해 움직였다는 것이었죠. 그래서 대통령의 입지가 좁아졌고, 계엄으로 이어졌다는 겁니다. 계엄령에 대한 미화도 두드러졌습니다. 계엄 바로 다음 날부터 정치적 논란을 한 칼에 끝냈다며, 계엄이 마치 정치 행위인 것처럼 묘사했습니다. 전 국민이 군의 폭행을 봤지만, 이들은 군인들이 가벼운 몸싸움만 했다며 애초에 "충돌하지 말자는 ...... 지시"가 있었던 것으로 보인다고 주장했죠. 지역을 특정하지 않은 것도, 치밀하게 짜인 계엄이라기보다 경종을 울리기 위한 정치 메시지로 봐야 한다고 했습니다. 극우 메시지가 대통령의 입에서 나오고, 이것이 극우 세계에 퍼지면서 정치적 무게는 점점 더 커졌습니다.

여당도 극우의 세계관에 몰입하기 시작했습니다.*

---

* 애초부터 그랬던 것은 아니었습니다. 윤석열 대통령이 계엄을 선포한 직후, 국민의힘 의원들 사이에서도 반대의 목소리가 터져 나왔죠. 국민의힘 한동훈 대표는 의원 채팅방에 "대통령의 비상계엄 선포는 잘못된 것입니다. 국민과 함께 막겠습니다"라는 메시지를 올렸습니다. 곧바로 박수영·박정하 의원이 이 메시지를 공유하며 동조했죠(22:49; 22:58). 다

2025년 1월 3일, 공수처에 의한 윤석열 대통령 체포영장 집행 시도가 불발되면서 긴장이 한층 높아졌죠. 다음 날에는 전광훈 측이 주도하는 대규모 집회가 관저 앞에서 열렸습니다. 국민의힘 의원들도 대거 참석해 눈길을 끌었죠. 친윤

른 의원들도 반응을 보였습니다. 김상욱 의원은 "역사의 죄인이 되어서는 안 됩니다"(22:59)라고 했고, 신성범 의원은 "저는 국회로 출발합니다. 이럴 때 의원이 위치해야 할 장소는 대한민국 국회입니다"(23:03)라며 행동에 나섰습니다. 주진우 의원을 통해 한 대표는 "즉시 계엄을 해제해야 합니다. 지금 민주당은 담을 넘어서라도 국회에 들어가고 있습니다. 계엄 해제안에 반대하는 분 계시는지요?"(23:24)라며 의원들을 독려했습니다. 일부 의원들은 실제로 국회로 향했습니다. 조정훈 의원은 "국회 어디에서 모이나요?"(23:40)라며 위치를 물었고, 한지아 의원은 "도서관 쪽으로 신분증 갖고 오시면 됩니다"(23:49)라고 안내했습니다. 그러나 길이 막히기도 했습니다. 우재준 의원은 "막히기 전에 빨리 와주셔야 할 것 같습니다"(23:49)라며 서둘렀고, 강대식 의원은 "도서관 쪽도 안 됩니다"(23:50)라고 전했습니다. 결국 담을 타고 국회로 들어간 의원도 있었습니다. 박수민 의원은 "담 타고 진입했습니다"(00:04)라고 보고했지만, 서명옥 의원은 "담벼락 곳곳에 경찰 배치되어 담도 못 넘어요"(00:04)라며 어려움을 호소했죠. 국회 진입 이후 상황은 더 심각해졌습니다. 한지아 의원은 "국회에는 군 헬기가 뜨고 군인들이 총을 들고 국회에 진입했습니다. 정당 활동은 중지하라는 지시가 내려왔습니다. 의원님들, 오늘은 우리가 똘똘 뭉쳐야 할 때입니다"(00:26)라고 다급히 알렸습니다. 계엄 철회 후에도 비난은 이어졌습니다. 12월 4일, 오세훈 서울시장은 "계엄 반대, 철회돼야 한다"는 성명을 발표했고, 한동훈 대표 역시 "계엄사태 발생에 여당으로서 유감"이라고 밝혔습니다. 이후 국민의힘은 계엄 해제를 요구하는 당론을 채택하며 사태를 수습하려 했습니다.

세력은 결집을 이어갔습니다. '관저 사수'를 외치며 흰 헬멧을 쓰고 자체 무장을 한 '백골단'까지 등장했습니다. 윤 대통령 측은 이들을 부추겼습니다. 윤 측 변호사는 "대통령께서 지지자들에게 상당히 미안해하고 고마워하고 계신다"며 "그분들의 건강과 안전을 걱정하고 계신다"라고 말했습니다. 1월 11일, 국민의힘 윤상현 의원은 국회 앞 '국가비상기도회'에 참석해 "3대 검은 카르텔과 대투쟁, 전쟁을 선포해야 한다"고 했습니다. 좌파 사법 카르텔, 부패·부정 선관위 카르텔, 종북주사파 카르텔을 적으로 지목했죠.

1월 15일, 윤 대통령이 체포되자 친윤 진영은 더욱 격해졌습니다. 체포 당일, 용산 관저 앞에 모인 지지자들은 경찰차를 향해 손가락질하며 고성을 질렀습니다. 한남동 육교에서 이를 지켜보던 한 지지자는 "이게 쿠데타고 전쟁 아니냐?"며 흐느꼈습니다. 다른 지지자는 "하나님 아버지, 대통령을 지켜주세요"라고 외치며 눈물을 흘렸죠. 흥분한 시위대는 공수처와 서울구치소로 이동했습니다. 1월 16일, 신자유연대와 자유통일당 등 보수단체 회원 700여 명이 태극기와 성조기를 흔들며 정부과천청사 앞에서 집회를 열었습니다. 같은 날, 서울구치소 앞에서도 500여 명이 탄핵 반대 집회를 열었죠. 대한민국바로세우기본부 등 보수단체들은 "지금부터라도 대통령을 지켜야 한다"며 공수처의 체포 과정을 강하게 비판했습니다.

1·19 폭동

윤석열 대통령 지지 시위는 시위로만 멈추지 않았습니다. 1·19 폭동으로 번졌죠. 2025년 1월 18일 밤 공수처 차량이 영장실질심사를 마치고 법원을 떠나는 순간, 공덕역 인근에 모인 윤 대통령 지지자들이 차량을 둘러싸며 공격을 감행했습니다. 한 시위자는 "저 차에 오동운 공수처장이 타고 있다. 끌어내서 죽여버리자!"라고 외치며 공격을 주도했죠. 시위대는 피켓으로 차량 유리창을 가리고, 앞 유리에 "탄핵 무효" "이재명 구속" 등이 적힌 스티커를 붙이며 혼란을 가중했습니다. 일부는 차량을 흔들고, 앞바퀴 공기를 빼며 폭력을 행사했습니다. "공수처 해체" "공수처 폭파" 같은 구호가 울려 퍼지는 가운데, 경찰이 지켜보는 대로 한복판에서 폭력이 벌어졌습니다. 그러나 이것이 끝이 아니었죠. 밤이 깊어질수록 시위는 더욱 과격해졌습니다. 시위대는 법원을 완전히 포위하고 태극기와 성조기를 흔들며 벽을 두드리고 구호를 외쳤습니다. "차은경[판사]은 기각하라!" "불법체포!" "위조 공문!" "부정선거!" "윤석열은 우리가 지킨다!"와 같은 외침이 법원 주변과 대로에 울려 퍼졌죠. 시위대는 법원 주변뿐 아니라 대로까지 점거하며 거리를 해방구처럼 만들어버렸습니다. 혼란과 분노가 뒤섞인 현장은 단순한 시위를 넘어 폭동으로 변해갔습니다.

자정이 넘어 새벽 3시경 서부지방법원은 윤석열 대통령에 대한 구속영장을 발부했습니다. 그러자 후문 주변에 집결 중이던 300여 명이 유리병, 돌 등으로 출입문을 깨고 담을 넘어 법원 경내로 진입을 시도했습니다. 외벽을 부수고 유리창을 박살 냈습니다. 이를 막던 경찰도 공격했습니다. 밀치고 때리고, 경찰 방패로 찍기도 했죠. 경찰 51명이 다쳤고, 이 중 7명은 중상이었습니다. 약 100명이 청사로 들어가, 집기를 부수고 방재실 서버에 물을 뿌리는 등 난동을 피웠습니다. 그뿐만 아니라 구속영장을 발부한 판사의 이름을 외치며 법원 안을 돌아다녔습니다. 무슨 영화에서나 볼 법한, 아주 괴기한 장면이었죠. "원군이 달려오니까 조금만 더 버티시게요. 집에 가시면 안 됩니다. 국민저항권이 발동됐으니까 오늘 끝장을 봐야 합니다"며 광기를 내뿜는 이들 덕에 법원 직원들은 공포에 질려 옥상으로 대피해야 했습니다. 사랑제일교회 특임전도사는 방화 시도까지 했습니다. 새벽 4시 30분쯤엔 20명이 법원 주변에 있던 오토바이 등을 법원 경내로 끌고 와 바리케이드를 쌓고 경찰에게 폭력을 행사하기까지 했습니다. 점거와 난동은 오전 6시 30분이 돼서야 완전히 진압됐습니다. 3시간여, 국가 질서의 핵심이라고 할 수 있는 법원이 무정부 상태로 유린당한 셈이었죠.

폭동 자체도 충격적이었지만, 이들의 주장도 귀를 의심케 했습니다. 폭도들은 자신들의 폭력을 민주화운동이라고 포장했습니다. 현장에서는 "1·19 혁명이다. 이거 민주화운동이야!"라는 외침이 들렸습니다. 이뿐만 아니라, "국가가 전복됐는데 왜 우리를 막습니까?" "무기고 털고 경찰과 군인 때려잡은 5·18과 뭐가 다르냐?"는 망언도 이어졌죠. 특히, 자신들을 '백골단'이라고 부르는 반공청년단은 더 노골적이었습니다. 이들은 "현직 대통령이 체포되고 국정이 마비된 국가비상사태에서 청년들이 국민께 경종을 울리기 위해 선택한 처절한 몸부림을 단순 폭동으로 규정하지 말아 달라"며 자신들의 행동을 정당화했죠. 심지어 '5·18 정신'을 언급하며 폭동을 미화하기도 했습니다.

국민의힘도 다르지 않았습니다. 윤상현 국민의힘 의원은 1월 18일 밤, 윤석열 대통령이 영장실질심사를 받는 동안 서부지법 담장을 넘다가 체포된 지지자들에 대해 "젊은이들이 담장 넘다가 유치장에 있다고 해서 관계자와 얘기했고 곧 훈방될 것"이라고 말하며 지지자들을 안심시켰습니다. 그의 이 발언은 사실상 이후 폭동을 부추기는 결과를 초래했죠. 폭동 이후에는 권영세 국민의힘 비상대책위원장이 직접 나서서 폭도들을 비호했습니다. 그는 "더불어민주당과 일부 언론이 시민들의 분노 원인을 제대로 살펴보지 않고 폭도라는 낙인부터 찍고 엄벌해야 한다며 으름장을 놓고 있다"고 주장했죠. 여기서 멈추지 않고 그는 수사기관과 사법부를 향해 "대한민국 헌정질서를 유린하는 장본인들"이라고 맹비난했습니다. 당의 미디어 특위도 이에 동조하며 이날 성명을 발표했습니다. "JTBC와 경찰이 시위대의 건물 진입 유도를 모의했다는 의혹이 있다"며, "경찰이 갑자기 시위대가 진입할 수 있도록 길을 터줬다고 한다"고 주장한 겁니다.

폭력을 정당화할 수는 없다고 했지만, 국민의힘 측 주장은 미심쩍었죠. "폭력이 아니라 담장 좀 넘은 거다." "이 사람들의 진정성을 봐야 한다." "얼마나 화가 났으면 그렇겠냐." 여기에 더해 "수사기관과 사법부가 이들을 분노하게 했다" "여론이 호도했다"는 말까지 나왔습니다. 결국, 폭도들의 책임을 줄이고 이들을 감싸려는 발언이었죠. 사실상 폭력을, 폭동을 정당화했던 겁니다. 법원 담장을 넘어가고 유리창을 부수고 판사를 위협한 행위를 "화가 나서"라고 설명하는 것부터 그렇습니다. 만약 다른 집단(예를 들어 민주노총 또는 전교조)이 법원을 공격했다면 어땠을까요. "폭력은 안 되지만"이라는 단서를 붙인 채 이해하려 들었을까요? 헌정사상 초유의 법원 폭동이 벌어졌는데 여당의 반응은 그에 걸맞지 않았죠. 폭력과 무법이 사법체계를 향해 직접 행사됐는데도, 이를 단죄하기보다는 "분노의 이유"를 찾는 데 집중했습니다. 누가 봐도 폭력을 감싸는 행동이었죠. 법치를 부정하는 극우적 행태죠.

윤석열이 일으킨 계엄사태는 한국 정치의 여러 민낯을 보여줍니다. 특히 극우의 성장이 눈에 띄죠. 윤석열 대통령의 임기 시작과 계엄, 그 이후의 정치적 혼란이 하나의 끈으로 묶여 있으니까요. 특히 보수정당이 극우화하는 모습은 변방에 머물던 극우가 이제 중앙 정치로 들어오는 것 아닌가 하는 의심이 들게 합니다. BTS와 〈오징어게임〉으로 세계를 휩쓰는 나라에서 극우의 폭동이라니, 믿기 어렵죠. 어처구니없지만 어떻게 우리가 여기까지 왔는지 따져봐야겠습니다.

2장

극우세력을 통치에 활용한 정부

뉴라이트와 어버이연합

"잃어버린 10년"

한국의 민주화 과정은 1987년에 시작되었습니다. 민주주의가 확립되기까지, 또는 정치학자들이 말하는 '공고화'가 이루어지기까지 긴 여정이 이때 시작됐죠. 그 첫발을 떼기까지 수많은 희생이 있었습니다. 1980년 광주항쟁의 피는 가장 비극적이고 대표적인 예입니다. 그래도 투쟁은 끊이지 않았죠. 민주화의 요구는 마침내 1987년 6월항쟁으로 폭발했습니다. 영화 〈1987〉에서 본 바로 그 사건입니다. 그 뒤 1971년 이후 처음으로 대통령 직선제가 시행되었습니다. 하지만 민주화의 과실은 군부에 돌아갔습니다. 1987년 대통령 선거에서 전두환의 군 동료이자 후계자로 선택된 노태우가 승리했죠. 그래도 민주화의 물결은 이어졌습니다. 1992년 첫 문민정부가 들어섰고, 1997년에는 김대중이 대통령으로 당선돼 야권으로의 정권교체가 이루어졌습니다. 그 뒤 노무현의 참여정부로 이어져 10년 동안 민주당 세력이 정권을 잡게 된 거죠.

2007년 대선에서는 보수 한나라당의 이명박 후보가 승리하며 다시 한번 평화로운 정권교체가 이루어졌습니다. 이로써 한국의 민주주의가 공고화됐음을 보여줬습니다. 민주주의의 공고화 이후 역설적인 전개도 있었습니다. 보수 세력의 반발, 극우의 성장이 그것입니다. 보수 진영은 김대중·노무현 정부 10년을 "잃어버린 10년"으로 간주하며, 진보를 이른바 "친북" 혹은 "사회주의 정부"로 매도했습니다. 나라가 망하리라는 통탄이 이어졌고, 극우는 이런 분위기를 자극하며 세력을 넓혀갔습니다.

보수의 귀환

2000년대 초반, 한국 정치에서 진보의 기류는 강했습니다. 민주당은 1997년과 2002년 대선에서 연이어 승리를 거두었죠. 새롭게 선출된 노무현 대통령은 김대중 대통령의 진보적이고 민족주의적 의제를 계승했습니다. 노 대통령은 사회적 불평등 해소를 목표로 복지와 소득 재분배를 강조했고, 풀뿌리 민주주의를 중시했습니다. 비정규직 노동자의 권리 보호와 처우 개선을 위한 비정규직보호법을 제정하고, 노년층의 소득 불평등을 완화하기 위한 기초노령연금도 도입했죠. 혁신도시와 기업도시 건설, 공공기관 지방 이전 등을 통해 수도권 집중을 완화하고 지역 경제 활성화도 도모했습니다. 남북관계를 개선하기 위해 평화적 공존과 화해를 목표로 외교적 노력도 기울였습니다. 2007년의 방북은 그 좋은 예입니다. 비행기 대신, 경의선 남북 연결도로를 차를 타고 넘었습니다. 군사분계선에 도착한 노무현 대통령

부부는 차에서 내려 조심스레 북쪽으로 발걸음을 옮겼습니다. 그렇게 두 사람은 걸어서 반세기 동안 막혀 있던 '금단의 선'을 넘었죠. 국제 정치에서도 노 대통령은 독자적인 길을 걸었습니다. 그는 한국이 단순한 미국의 동맹국이 아닌, "동북아 균형자" 역할을 해야 한다고 주장했습니다. 한미동맹에 전적으로 기대는 한국사회에 큰 파장을 일으켰죠.

진보 정치의 발전은 곧 보수 정치의 위기로 이어졌습니다. 그것도 유례없는 위기였죠. 남한 건국 이후 보수세력이 주도권을 잃은 적은 단 한 번도 없었으니까요. 하지만 이번 반격은 단순히 정권을 비판하거나 야당의 정치 공세로 그치지 않았습니다. 보수세력은 '뉴라이트 New Right'라는 이름으로 정치사상운동을 시작하며, 반격의 방향을 전환했죠. 뉴라이트라는 이름은 2004년 《동아일보》에 처음 등장해, 이후 보수세력에서 널리 사용되기 시작했습니다. 뉴라이트라는 기치를 내건 다양한 보수단체들이 외교, 종교, 의료, 교육, 법률, 정치 등 여러 분야에서 등장했습니다. 주로 노무현 정권을 비판하며 성장했죠. 가장 먼저 출범한 단체는 자유주의연대였습니다. 2004년 11월이었죠. 이어서 2005년 1월에는 북한민주화네트워크와 교과서포럼이, 3월에는 뉴라이트싱크넷이 설립되는 등 다양한 단체들이 등장했습니다. 이 단체들은 이후 뉴라이트네트워크로 통합되었고, 2010년에는 뉴라이트재단으로 이름을 바꿨습니다.

2005년에 출범한 뉴라이트전국연합은 뉴라이트 운동의 조직화를 꾀했습니다. 기존 뉴라이트 조직이 느슨한 연대체였다면, 뉴라이트전국연합은 전국적으로 200여 개의 지역 조직과 10여 개의 부문 조직을 구축하며 탄탄한 기반을 마련했죠. 뉴라이트신노동연합, 뉴라이트교사연합, 뉴라이트학부모연합, 뉴라이트기업인연합, 뉴라이트의사연합, 뉴라이트불교연합 등이 이 연합에 속한 대표적인 하위 조직입니다. 분야별로 보수적 가치를 중심에 둔 활동을 전개하며 영향력을 확대했죠. 이뿐만 아니라 바른정책포럼, 뉴라이트싱크탱크, 목민정치학교 같은 싱크탱크와 정치교육 기관도 여기에 속했습니다. 또 다른 주요 뉴라이트 조직은 2005년 11월에 1000명의 회원으로 시작한 국민행동본부로, 이들은 1년 만에 전국적으로 11만 명의 회원을 확보하며 지역 지부를 확대했습니다.

뉴라이트의 이념 지향

뉴라이트가 이념 운동인 만큼 이들의 이념적 지향은 독특합니다. 첫째, 뉴라이트는 기존의 좌우 주류 이념 대결 어디에도 있기를 거부했습니다. 즉 전통 우파(구 우파 또는 올드 라이트Old Right)와의 차이점을 강조한 것이죠. 뉴라이트 지도자 중 한 명인 신지호에 따르면, 구 우파는 민족주의와 권위주의에 기반을 두지만, 뉴라이트는 한국형 자유주의와 애국적 글로벌리즘을 중요시한다고 했습니다. 또 구 우파가 정부 주도의 경제성장과 큰 정부를 추구한다면, 뉴라이트는 시장 주도의 경제성장과 작은 정부를 지향한다고 했습니다. 정치적으로는 구 우파가 개발독재를 실행했다면, 뉴라이트는 진정한 민주주의를 추구한다고도 했죠. 대북 정책 면에서도 구 우파가 소극적인 반공주의를 고수한다면, 뉴라이트는 북한의 민주화와 자유로운 통일을 목표로 삼는다며 그 차이를 분명히 했습니다. 동시에 좌파가 평등과 공정을 강조하는 구식 사회주의의 원칙을 고수한다고 비판했습니다. 또한, 뉴라이트는 민주당 정부의 대북 화해 정책과 한반도 평화 추진을 "순진하고 민족주의적"이라고 평가하며, 그들이 북한 정권의 인권침해와 핵 개발 문제를 간과한다고 주장했습니다. 즉 뉴라이트는 기존 이념 모두를 비판하며 대안적 세력으로 자신들을 규정하고자 한 셈이죠.

둘째, 뉴라이트는 민족주의에 대한 독특한 접근을 보였습니다. 세계적으로 우파 이념은 대개 민족주의를 핵심 요소로 삼지만, 한국에서는 다릅니다. 좌파가 민족주의를 우파로부터 빼앗아갔죠. 이는 한국 현대사의 특수성에서

기인합니다. 1945년 해방된 이후, 미군정은 낯선 한반도를 통치하기 위해 일제 식민 조력자를 활용했습니다. 경찰서, 법원, 시청 등에서 행정 경험이 있던 이들이 다시 주요 자리에 복귀했죠. 자연히 이들이 한국 보수 진영과 지도층을 형성했습니다. 1948년 대한민국 정부가 수립되자 이들은 정치적·사회적 엘리트로 자리 잡았고, 이후 이승만부터 전두환까지 이어진 모든 권위주의 정권의 핵심 세력이 되었습니다.

외세에 협력하며 자리 잡은 권위주의 정권은 또 다른 외세, 곧 미국의 보호를 등에 업었습니다. 해방 후 민족주의를 내세우기 어려운 상황에서 이들은 반공을 기치로 삼았죠. 일제에 협력했던 과거도, 미국에 의존하는 현재도 모두 반공이라는 논리로 정당화했습니다. 당연히 반공의 목소리는 점점 더 커질 수밖에 없었습니다. 권위주의 질서에 맞섰던 민주화 진영은 자연스럽게 반외세, 민족주의적 색채를 강하게 띠게 되었죠. 1980년대 민주화운동을 민족주의 계열이 이끌었던 것은 이런 흐름 때문이었습니다.

민족주의를 빼앗긴 우파, 민족주의를 받아들인 좌파의 묘한 대립이 한국 정치의 큰 흐름이었습니다. 우파로서는 뼈아픈 지점이죠. 탈민족주의가 뉴라이트의 이념적 해결책이었습니다. 대신 '국가주의'를 앞세워 보수의 민족주의 결핍을 극복하려 했죠. 민족주의를 "야만적 혈통 기준에서 비롯된 갈등의 원천"이라고 비판하며, 민족보다 국가를 더 중요한 역사적 주체로 격상시켰습니다. 국가가 민족보다 발전적인 개념이라고 주장했죠. 이들은 특히 경제개발과 권위주의 정치가 시장경제와 자유민주주의라는 신자유주의 비전을 달성하는 데 기여했다고 강조했습니다. 국가 개입의 성과를 높이 평가한 겁니다. 반대로, 국가의 비민주적 측면을 부각하는 시각을 비판했죠. 국가의 정당성과 성과가 재조명되어야 한다고 주장하면서, 이를 위한 담론을 구축해나갔습니다. 결국 뉴라이트는 국가 중심의 관점을 통해 한국 보수주의의 새로운 방향성을 제시하려 했습니다. 민족 대신 국가가 중심이 되는 이 담론은 그들만의 방식으로 과거를 돌아보고 미래를 설계하려는 시도였다고 볼 수 있죠.

셋째, 뉴라이트는 국가를 한국 민족의 수호자로 내세우며, 국가 지도자를 재평가하기 시작했습니다. 특히 민주화 이후 비판받아온 권위주의 지도자들의 위상을 높이는 데 공을 들였죠. 그 대표적인 예가 이승만 대통령입니다. 이승만은 권위주의적인 통치 방식과 헌법 및 민주적 절차를 무시한 태도로 악명이 높습니다. 이러한 통치는 1960년 4월혁명으로 이어졌고, 이승만은 하와이로 망명했죠. 이후 "불의에 항거한 4·19 민주 이념"이 헌법 전문에 들어가면서 '독재자 이승만'이 헌법에 박제됐습니다. 그럼에도 뉴라이트의 평가는 다릅니다. 이들은 이승만을 현실적이고 실용적인 정치인으로 묘사하며, 그가 혼란과 정치적 양극화 속에서 한국을 올바른 길로 이끌었다고 주장했죠. 민주주의적 규범의 일부 훼손은 공화국을 공산주의 위협으로부터 보호하기 위한 정당한 선택이었다는 논리였습니다. 이런 맥락에서 뉴라이트는 광복절(8월 15일) 대신 건국절(1948년 공화국과 이승만의 정부 수립을 기념하는 날)을 기념해야 한다고 주장했습니다.

같은 맥락에서 박정희에 대한 재평가도 강조합니다. 뉴라이트는 박정희가 이끈 한국의 근대화를 강조하며, 그를 '한국형 국가 혁신 시스템'을 구축하고 고도성장 시대를 연 영웅으로 보죠. 뉴라이트의 이론가인 이영훈은 박정희가 외자 도입과 수출 주도 산업 육성 같은 선순환을 이루며, 세계적으로도 유례가 없는 성장을 이끌었다고 평가했습니다. 이들은 박정희의 권위주의적 통치, 특히 유신체제는 북한의 위협이라는 시대적 배경 속에서 등장한 불가피한 조치로 정당화합니다. 여기서 한발 더 나아가는 주장도 있습니다. 박정희의 경제개발이 한국 민주주의의 탄생을 가능하게 했다고 말이죠. '근대화 이론modernization theory'을 인용하며, '박정희의 경제발전 없이는 민주주의가 불가능했다, 그러니 박정희가 한국 민주주의의 아버지'라는 겁니다.

극우의 등장

뉴라이트는 정치적 운동으로서 성공을 거두었습니다. 다양한 조직이 여러 분야에서 등장하며 뉴라이트의 지평을 넓혔죠. 그리고 이명박이라는 정치인의 성공과 더불어 뉴라이트의 성공도 정점을 찍었습니다. 이명박이 2007년 대선에서 승리하며 10년간 이어진 민주당 정권은 막을 내렸습니다. 뉴라이트는 이명박 후보를 적극적으로 지지했고, 이로 인해 뉴라이트의 많은 지도자가 새 정부에서 요직을 차지하게 됩니다. 이들은 청와대의 비서관, 정부기관의 주요 자리, 그리고 국회의원직 등을 통해 영향력을 확대했죠.

이를테면, 뉴라이트재단의 안병직 이사장은 여의도연구소 이사장에 올랐고, 뉴라이트전국연합 대표를 지낸 이석연 변호사는 법제처장으로 임명되었습니다. 조전혁 뉴라이트재단 정책위원은 인수위원회 자문위원과 여의도연구소 부이사장을 거쳐 18대 국회의원에 당선되었죠. 신지호 자유주의시민연대 대표 역시 국회에 입성하며 정치적 입지를 강화했습니다. 김태효 성균관대 교수는 대통령실 대외전략비서관으로, 윤창현 서울시립대 교수는 대선 캠프 정책자문단을 통해 정계에 발을 들인 뒤 금융위원회 위원으로 활동했죠. 사공일 교과서포럼 고문은 대통령 직속 국가경쟁력강화위원회 위원장으로 임명되어 정책 결정 과정에서 중요한 역할을 맡았습니다.*

뉴라이트가 보수의 지적·사상적 진보를 이루었다면, 대한민국어버이연합(이하 어버이연합)은 극우 운동의 선봉으로서 새로운 정치적 방식과 논란을 만들어냈습니다. 즉 현대 극우 정치의 초석을 다졌다고 볼 수 있죠. 2006년 창립된 어버이연합은 기존 시민사회단체들과는 전혀 다른 노선을 걸었습니다. 1980년대 민주화운동의 연장선에서 진보적 색채가 강했던 시민사회와 달리, 어버이연합은 대기업과 보수 정권을 옹호하며 진보 진영을 정면으로 비판했습니다. 게다가 호전적인 충돌과 대립을 추구했죠. 당시는 이런 행태가 새롭고 충격적이었습니다.

---

* 역설적으로, 2007년 민주당 정권의 몰락과 함께 뉴라이트의 쇠퇴도 시작되었습니다. 뉴라이트 지도자가 대거 정부에 참여하거나 정계에 진출하며 지도층 공백이 생겼기 때문입니다. 정치 운동으로서 뉴라이트의 기반 약화로 이어진 거죠. 게다가 민주당 정권에 날을 세우며 성장한 뉴라이트로서는 정적이 사라진 것도 큰 문제였습니다. 결국 성공은 독배가 된 셈이었죠. 뉴라이트는 급격히 조직력과 지지 기반을 잃게 되었죠. 하지만 뉴라이트는 향후 수십 년간 극우의 이념적 토대를 마련했다는 점에서 중요한 유산을 남겼습니다.

예컨대, 2008년 삼성의 이건희 전 회장이 검찰 조사를 받을 때, 특별검사 사무소 앞에서 열린 지지 집회는 많은 이들의 시선을 끌었죠. 사법적 처벌에 반대하는 목소리를 낸 어버이연합의 시위대는 대부분 노년층이었는데, 국내 최대 재벌인 이건희 회장을 지지하는 모습은 참 이례적이었습니다. 부유층이나 재벌과는 거리가 먼 이들이 이건희 회장을 옹호하는 모습을 보며, 과연 이들 사이에 어떤 접점이 있는지 궁금증을 자아냈죠. 2009년 8월에는 김대중 전 대통령 서거와 관련된 사건으로 또 한 번 논란의 중심에 섰습니다. 당시 북한 주민들이 남한에 조문하러 왔을 때, 어버이연합은 항의시위를 벌였죠. 조문이라는 맥락을 생각하면, 이는 상갓집에서 소란을 피운 것과 다름없다는 비판을 받았습니다. 국내 정서에 맞지 않았죠. 더 나아가 김 전 대통령의 묘를 평양으로 옮기자며 굴삭기를 동원해 퍼포먼스를 벌였습니다. 21세기에 '빨갱이' 논란이 무슨 소린가 싶었습니다. 사회적 공분도 뒤따랐죠.

어버이연합의 활동은 종종 폭력적으로 변질됐고, 해방 직후 벌어진 극우 테러를 떠올리게 했습니다. 2010년에 〈PD수첩〉의 광우병 보도와 관련된 법적 판결이 무혐의로 끝나자, 어버이연합은 판사와 기자들의 자택 앞에서 위협적 시위를 벌였습니다. 이는 단순히 의견을 표현하는 시위를 넘어, 개인을 직접 겨냥한 압박 전술이었죠. 법치가 기본인 민주체제에서 판사에게 위협을 가한 겁니다.

2011년 '희망버스' 사건은 더 충격적이었습니다. 당시 한진중공업 구조조정을 막기 위해 85호 크레인에 올라가 있는 김진숙 지도위원의 농성이 시선을 끌었습니다. '희망버스'는 김진숙 지도위원의 농성을 지원·응원하고, 한진중공업 사측을 비판하기 위해 벌인 운동이었죠. 그런데 어버이연합이 이 희망버스를 목표로 삼은 겁니다. 어버이연합은 버스 안 운동가들을 폭행하고, 차량 이동을 물리적으로 막으며 도로를 점거했습니다. 그러고는 뺨을 때리고, 밀거나 끄는 등 폭력을 행사했죠. 피해자 중 다수는 여성이었습니다. 사건 현장에서의 폭력적 대치는 두 시간 넘게 지속됐습니다. 그러나 경찰은 이를 적극적으로 제지하지 않았습니다. 어버이연합의 폭력성이 두드러졌을 뿐 아니라, 극우 폭력이 정권의 비호를 받는 모습으로 비쳤습니다.

이처럼 어버이연합은 기존 시민운동의 틀을 벗어나 보수 진영의 공격적이고 과격한 면모를 드러냈습니다. 이들이 택한 방식은 사회적 갈등을 부각하고 정치적 적대감을 노골적으로 드러내는 데 중점을 뒀죠. 이는 극우세력의 전형적인 모습으로 자리 잡았습니다.

민주체제의 퇴락

극우의 등장은 '비자유주의적 민주주의illiberal democracy'의 성장 덕에 가능했습니다. 비자유주의적 민주주의라는 주제는 결코 가볍게 다룰 수 없습니다. 간단히 말하자면, 이는 합법적 절차를 통해 민주주의가 훼손되거나 그 훼손이 진행되는 민주체제를 뜻합니다. 민주체제라는 개념은 매우 광범위합니다. 여기에는 공정하고 자유로운 선거가 보장되고, 이를 통해 평화적으로 정권교체가 이루어지며, 그 과정에서 필수적인 정치적 자유가 보장되는 사회를 말합니다. 언론의 자유, 양심의 자유, 결사의 자유, 시위의 자유 등이 그 예입니다. 나아가, 관용과 평화의 가치도 민주주의의 필수 조건이라고 할 수 있죠.

민주국가에서 이런 가치나 자유는 당연하다고 생각할 수 있습니다. 하지만 현실은 그렇게 간단하지 않죠. 민주체제가 광범위한 만큼, 그 시스템에서 문제가 발생할 여지도 많습니다. 이 중 어느 하나라도 잘못되면 민주체제는 쉽게 흔들릴 수 있죠. 문제의 시작은 권력자 본인일 때가 많습니다. 이들은 흔히 정권을 감시하는 언론을 먼저 손봅니다. 감시가 약해지면 판사 등 법과 질서를 관장하는 이들을 충성파로 갈아치우죠. 비판하는 이들은 적으로 몰아갑니다. 그렇게 권력을 강화하고 나면 보통 법과 제도를 바꾸죠. 그렇게 권력자는 권력을 더 집중시키고, 결국 민주주의의 가치는 훼손됩니다. 비자유주의적 민주주의의 성장에 따라, 정권 지지자들마저도 결국 정치적, 사회적 대가를 치르게 됩니다. 그런데도 지지자들은 자신들이 대의를 위해 희생하고 있다는 착각을 하죠. 그 대의에 동조하지 않는 사람들에 대한 위협과 공격도 서슴지 않습니다. 나치 시대 유대인에 대한 폭력, 푸틴의 러시아에서 증가하는 성소수자에 대한 공격, 2021년 미국 의사당 공격 등이 그 예입니다. 극우의 성장과 폭력이 정치적 맥락에서 이해되어야 하는 이유입니다.

한국에서 비자유주의적 민주주의의 성장은 이명박 정부에서 시작됐습니다. 이명박 정부는 이전 두 차례의 민주당 정권이 구축한 민주주의의 원칙과는 거리가 먼 국정 운영을 했습니다. 애초에 이명박과 그 참모들이 민주적 소양이 부족했는지, 권위주의적 야심이 있었는지는 알 수 없죠. 하지만 정치적 실패와 이에 대한 대응 결과인 것은 분명합니다.

노무현 정부의 저조한 지지율 덕에 이명박 정부에 대한 기대가 컸습니다. 이명박 정부는 보수의 재건, 경제 회복이라는 야심 찬 약속과 함께 출발했지만, 시작부터 정치적 저항에 발목을 잡혔죠. 현대그룹의 경영진 출신답게 대기업 중심의 감세와 규제 완화를 추진했지만, 큰 논란을 불러일으켰습니다. 건설을 중시하는 경제 운용도 새 시대에 맞지 않는다며 비판받았습니다. 그중 '4대강사업'이 대표적입니다. 애초에 그 필요와 정당성에 의문이 많았죠. 환경 문제를 우려하는 시민단체와 대중의 반발도 컸습니다. 그래도 정부는 대규모 사업을 강행했고, 건설 재벌들은 막대한 이익을 챙겼습니다. 미국산 쇠고기 수입 재개 결정도 큰 논란을 일으켰죠. 2008년 4월 캠프 데이비드 한미 정상회담 이후, 이명박 정부는 미국산 쇠고기 수입 재개를 전격적으로 발표했습니다. 광우병 전염 우려가 있던 터라 국민적 불안을 증폭시켰죠. 게다가 이명박 대통령의 캠프 데이비드 방문의 대가라는 의심과 여기에 이런 결정이 논의 없이 이루어졌다는 분노가 더해져 시위가 폭발했습니다. 서울 도심에서는 '촛불집회'가 연일 이어졌고, 2008년 6월 10일에는 1987년 6월항쟁 이후 최대 규모인 100만 명 이상이 참여했습니다. 임기 첫해에 이런 일이 벌어지면서 정부의 정당성, 국정 운영의 동력이 모두 크게 떨어졌죠. 잃어버린 10년을 되돌리겠다며 야심 차게 첫발을 내디딘 보수 정부에 큰 부담이었습니다.

잇따른 위기 속에서 이명박 정부가 찾은 돌파구는 토론과 합의, 즉 민주적 방향이 아니었습니다. 그 대신 1980년대를 연상시키는 권위주의적 조치를 통해 반대 세력을 억압하는 권위주의적인 길을 택했죠. 2009년 신년사에서 검찰총장은 '국법 질서 확립'을 언급하면서 '대한민국의 정통성과 정체성을 부인하면서 친북좌익 이념을 퍼뜨리고 사회 혼란을 획책하는 세력을 발본색원'해야 한다는 일성을 날렸습니다. 실제로 정부는 강경한 법과 질서 중심의 정책을 펼치며 노동운동을 포함한 정치적 반대 세력을 탄압했죠. 대표적 사례가 전국교직원노동조합(전교조) 탄압이었습니다. 2009년 정부에 대한 비판 성명에 서명한 교사들을 징계위원회에 넘겼고, 전교조 본부를 대상으로 첫 압수수색을 단행했죠. 게다가 국가정보원은 보수단체에 자금을 지원하며 전교조의 평판을 훼손하려는 공작을 벌이기까지 했습니다.

언론 탄압에도 큰 공을 들였습니다. 이명박의 정치적 동지인 최시중을 방송통신위원회 위원장으로 임명하며 규제기관을 장악했고, 대통령 선거 당시 미디어 참모였던 인물들을 방송사 주요 직책에 배치하며 언론 통제에 나섰죠. 전임 정부에서 임명된 정연주 KBS 사장을 압박해 사임시켰습니다. 2009년 검찰은 〈PD수첩: 긴급 취재-미국산 쇠고기, 광우병에서 안전한가?〉 편을 제작한 제작진 전원을 체포해 수사했죠. KBS는 이명박 대통령의 라디오 연설을 정례화했고, 인기 있었던 탐사보도 프로그램인 〈시사투나잇〉과 〈미디어포커스〉를 폐지했습니다. YTN 역시 정치인의 발언, 실수 등을 여과 없이 방영해 인기를 끌었던 〈돌발영상〉을 중단했죠. 정부를 비판했던 프로그램의 축소, 폐지가 이어졌고, 유명 진행자들도 프로그램에서 물러났습니다. 손석희 당시 MBC 아나운서가 7년간 진행하던 〈시선 집중〉에서 하차한 것도 이때였죠. 국경없는기자회(RSF)의 2009년 언론자유지수에서 한국은 175개국 중 69위(2007년 39위)로 급락했습니다.

박근혜 정부 때도 사정은 비슷했습니다. 2013년 임기 초반 중대한 우려가 제기되었죠. 대선 자체에 대한 논란이 었습니다. 2012년 대선 과정에서 국가정보원 직원이 야당 후보 문재인을 겨냥한 온라인 선거운동에 개입한 정황과 이에 대한 미온적 사법 당국의 대응이 큰 논란이 되었죠. 이 덕분에 박근혜 정부의 정당성도 시작하기 전부터 흔들렸습니다. 박근혜 정부는 권위주의 강화를 통해 문제를 해결하고자 했습니다. 초반부터 사정 당국을 통제하며 권력을 집중시키려는 움직임을 보였죠. 사법 당국과 국가정보원을 장악하여 이를 정치적 도구로 활용하려는 시도는 인사 배치에서 뚜렷하게 나타났습니다. 정홍원 국무총리, 박한철 헌법재판소장, 황교안 법무부 장관, 곽상도 민정수석 등 주요 요직이 모두 검찰 출신으로 채워졌습니다. 검찰 내 독립적 목소리는 제거됐습니다. 채동욱 검찰총장이 국가정보원 등

공공기관의 대선 개입 문제를 적극적으로 수사하자 채 총장을 혼외자 논란 공작으로 물러나게 했고, 그의 수사팀은 해체되기에 이르렀습니다. 검찰 장악이 완성되고, 동시에 공안 정치가 본격화된 순간이었죠.

박근혜 정부의 공안 정치는 비판 세력에게 가차 없었습니다. 첫해만 봐도, 안도현 시인의 공직선거법 위반 혐의 수사, 전교조의 대선 개입 혐의 고발 사건 수사, 나꼼수의 주진우와 김어준에 대한 허위사실 유포 혐의 수사 등이 이어졌죠. 특히 통합진보당 해체 사건은 굉장히 이례적이었습니다. 국가정보원은 2013년 8월 이석기 의원과 통합진보당 당원들을 '내란 음모' 혐의로 수사했습니다. 결국 '내란 음모'와 '내란 선동' 등의 혐의는 유죄 판결로 이어졌죠. 그러나 정부는 여기서 그치지 않았습니다. 위헌정당해산심판을 통해 정당을 해산시켰죠. 헌정사상 초유의 사태였습니다. 논란은 국제사회의 비판으로 이어졌습니다. 국제 인권단체인 앰네스티 인터내셔널 등에서 자유의 억압이라는 지적과 비판이 나왔습니다. 반면, 친정부 인사들에 대한 공권력의 태도는 크게 달랐습니다. 김재철 MBC 사장의 배임 혐의 수사나 김학의 전 법무부 차관의 성 접대 의혹 수사는 결국 무혐의로 마무리되었죠.

2014년 세월호참사는 박근혜 정부의 본질을 적나라하

게 드러낸 사건이었습니다. 300명이 넘는 생명이 차가운 바다에서 사망했고, 그 참혹한 과정을 생중계로 지켜본 한국사회는 깊은 충격에 휩싸였습니다. 그 충격은 이내 분노로 변했습니다. 정부는 구출에 실패했을 뿐 아니라 책임을 회피하기에만 급급했기 때문이죠. 그 정점에 박근혜 대통령이 있었습니다. 사고가 있은 지 7시간이 지나고서야 TV 화면에 나온 무책임한 모습과 무지는 놀라웠습니다. 국가의 지도력이 이렇게 허술하고 무책임할 수 있다는 사실에 모두 경악했습니다. 비판이 폭발했죠. 정부의 대응은 박근혜의 심기와 위신에만 전적으로 맞춰져 있었습니다. 박근혜 대통령을 보호하기 위해 정부는 조직적이고 신속하게 움직였습니다. 방송통신위원회는 세월호 관련 보도를 점검하는 팀을 꾸렸고, 청와대는 공영방송 KBS의 고위 관계자들에게 정부의 책임을 축소하는 보도를 요구했습니다. 심지어 《한겨레》와 세월호 희생자 유가족을 상대로 명예훼손 소송까지 제기했죠. 일본 《산케이신문》 서울지국장 가토 다쓰야 역시 박 대통령의 세월호 사건 당일 행적과 관련된 칼럼을 썼다는 이유로 법적 처분을 받았습니다. 여기에 더해 세월호참사 이후 정부를 비판하는 선언문에 이름을 올린 문화예술계 인사들을 보복하기도 했습니다. 이른바 '문화계 블랙리스트' 사건이죠.

언론 탄압에도 적극적이었습니다. 판결은 이를 명시적으로 보여줍니다. 2017년 서울남부지법은 판결에서 "길환영 사장은 9시 뉴스에서 정부와 여당에 유리한 내용이 방영될 수 있도록 수시로 지시, 개입했다"고 지적했습니다. 재판부는 대통령 관련 리포트를 앞쪽으로 배치하라는 요구, 국정원 대선 개입 특종 관련 스크롤 자막 송출 중단 지시, 그리고 세월호참사 보도에서 해경 비판을 자제하라는 발언 등이 실제로 이루어졌음을 확인했습니다. 정부가 불편해하는 프로그램은 제작 단계에서 차단되거나, 순화된 내용으로 제작되더라도 방영되지 못하는 경우가 빈번했습니다. 탐사보도 프로그램인 〈PD수첩〉이나 〈추적 60분〉도 조직 개편을 통해 무력화되었죠. 2014년, 김기춘 대통령비서실장은 방통심의위를 적극적으로 활용하라고 지시했습니다. 박근혜 대통령과 관련된 인터넷 포털 사이트의 패러디를 삭제하고, 불리한 검색어가 뜨지 않도록 조치하라는 구체적인 명령도 뒤따랐죠.

법적 소송도 언론 통제를 위한 도구로 활용됐습니다. 비판적 보도를 차단하고 언론을 압박하기 위해 명예훼손 소송과 정정보도 청구를 빈번히 제기했죠. 2013년 10월, 《국민일보》는 "진영 복지부 장관이 대통령 면담 요청이 묵살당하자 사퇴를 결심했다"는 내용을 특종 보도했습니다.

청와대는 즉각 《국민일보》를 상대로 서울남부지방법원에 정정보도와 명예훼손에 따른 손해배상 청구 소송을 제기했습니다. 같은 달, 황교안 법무부 장관은 과거 '삼성 떡값' 의혹과 관련된 기사를 보도한 《한국일보》를 상대로 1억 원의 손해배상 소송을 제기했습니다. 이 소송은 해당 언론사뿐 아니라 기사를 작성한 기자 개인을 대상으로도 이루어졌죠. 2014년, 《한겨레》는 박 대통령이 진도체육관에서 세월호참사 생존자 권모양을 만난 장면이 연출된 것일 수 있다는 의혹을 제기했습니다. 김기춘 비서실장 등 청와대 고위 관계자들은 정정보도 및 손해배상을 청구하는 소송으로 대응했습니다. 같은 해, 《세계일보》는 박근혜 정부의 비선 실세로 지목된 정윤회와 관련된 기사를 보도했습니다. 여기에도 청와대는 《세계일보》 사장, 편집국장, 그리고 해당 기사를 작성한 기자 등 6명을 명예훼손 혐의로 고소했죠.*

---

*   정부가 소송을 제기하는 것이 법적으로 문제없다고 할 수도 있습니다. 하지만 언론의 존재 이유는 정부와 권력자를 감시하고 비판하는 데 있습니다. 민주체제를 유지하는 데 필수적이죠. 그래서 성숙한 민주국가는 언론의 자유를 보장하며, 정부가 이를 존중합니다. 반면, 비민주적 체제에서는 상황이 다릅니다. 푸틴의 러시아처럼 권위주의적 정부는 언론을 억압하기 위해 법적 다툼을 벌이곤 합니다. 법적 절차를 통해 비판적 언론을 잠재울 수 있다는 점을 잘 알기 때문이죠. 박근혜 정부 역시 이런 방식을 따랐습니다. 비판적 보도를 문제 삼아 언론을 상대로 소송을 제기함으로

박근혜 정부는 실질적으로 극우 조직을 지원하고, 감독하기까지 했습니다. 청와대 정무수석실 주도로 열린 지원 회의에는 삼성 미래전략실 임원이 참석해 지원 대상 단체와 지원 액수를 논의했으며, 김기춘 비서실장은 직접 자금 지원을 독려하며 깊이 관여한 것으로 확인됐죠.

조사에 따르면, 2014년부터 2016년까지 청와대, 삼성, 전국경제인연합회 측을 정기적으로 만나 친정부·친재벌 시위 단체들에 대한 자금 지원 방안을 논의했습니다. 여기서 청와대는 어버이연합, 엄마부대, 고엽제전우회 등 10여 개의 우파단체를 특정하여 현금 지원을 요청했다고 합니다. 이 과정에서 삼성 등 대기업들이 지원한 금액은 69여억 원에 달하는 것으로 드러났습니다.

돈만 준 것도 아니었습니다. 어버이연합 등 보수단체들은 허현준 청와대 행정관의 지시에 따라 움직였습니다. 허 행정관은 뉴라이트 운동에 관여했던 인물로, 자금 지원을 무기로 단체들을 통제한 것으로 알려졌죠. 어버이연합 관계자는 "지금, 이 시민단체들이 모두 허 행정관의 손에 의해 움직이고 있다"며, 보수단체들 사이에서 자금 지원을 두

써 압박하고, 경고 메시지를 보냈습니다. 그 결과, 한국의 언론 자유는 심각하게 위축되었습니다.

고 경쟁이 벌어졌다고 밝혔습니다. 특히 허 행정관의 지시에 따르지 않을 경우, 예산 지원을 끊거나 이미 책정된 지원금도 보류했다고 했죠. 청와대가 보수단체들을 조직적이고 체계적으로 동원하며 이들의 활동을 통제했다는 점을 시사합니다. 재정 지원을 넘어, 극우 성향 단체들의 정치적 활동 방향까지 청와대가 손을 댔음을 알 수 있습니다.

이명박 정부에서 싹을 틔운 극우세력은 박근혜 정부를 거치며 더욱 활발히 성장했습니다. 박근혜 정부는 권위주의적 정치 지형을 더욱 공고히 했습니다. 반대 세력을 제압하는 과정에서, 정부는 언론의 자유를 제한하고 법적·행정적 권력을 이용해 비판적 목소리를 잠재우는 데 집중했죠. 이러한 환경은 극우세력에게는 마치 따뜻한 온실과 같았습니다. 정부의 암묵적, 때로는 명시적 지원 속에서 이들은 목소리를 높이고, 정치적 영향력을 확대해나갔습니다. 이는 단순히 한 정권의 문제를 넘어, 한국사회의 민주주의와 시민적 자유를 시험대에 올리는 상황으로 이어졌습니다.

3장

박근혜 스캔들과 시민의 저항

한국 민주주의의 전환점

2016년은 한국 정치사에서 잊을 수 없는 한 해였습니다. 대통령 탄핵이라는 충격적인 사건이 있었죠. 이미 박근혜에 대한 분노와 환멸이 팽배해 있던 국민들조차도 예상치 못한 사건 전개에 경악했습니다. 정치적 위기를 거듭 넘기던 박근혜 대통령도 이번에는 타격을 피할 수 없었습니다. 하지만 이 위기는 역설적으로 극우세력을 결집시키는 촉매제가 되었습니다. '태극기부대'로 불리는 이들은 더욱 강력하고 단결된 모습으로 등장했습니다. 이번 장에서는 태극기부대의 형성과 진화에 대한 논의를 위해 그 배경이 된 2016년 정치 위기를 간단히 정리해봅니다.

2016년 박근혜 스캔들의 시작

2016년, 박근혜 전 대통령은 정치적으로 연달아 위기를 겪었습니다. 첫 번째 위기는 미국의 고고도미사일방어체계THAAD 배치를 둘러싼 논란이었습니다. 그해 1월, 북한의 네 번째 핵실험이 이루어지며 긴장이 고조되었죠. 처음에는 사드 배치를 반대하던 박 대통령과 한민구 국방부 장관은 입장을 바꿔 이를 검토하겠다고 뜻을 밝혔습니다. 이에 중국은 자국 안보를 위협한다며 강력히 반발했고, 대응 조치를 예고했습니다. 베이징으로서는 동맹인 북한뿐 아니라 중국 동해안 거의 전부를 감시할 수 있는 레이더의 한국 배치를 받아들일 수 없었죠. 그러나 서울과 워싱턴은 이러한 반대를 무릅쓰고 사드 배치를 강행했습니다. 2월, 양국은 공식적으로 사드 배치를 합의했습니다. 당장 한국 내 여론이 좋지 않았습니다. 중국의 자극을 우려하는 목소리가 높았죠. 특히 배치 후보지 주민들은 분쟁 발생 시 해당 지역이 공격 대상이 될 것을 우려했습니다.* 시위 등 반대가 이어졌죠. 중국 시장에 대한 의존도가 높은 기업들은 경제 보복 가능성을 걱정했습니다. 환경을 파괴한다는 염려도 작지 않았습니다. 민감한 사안인 만큼 정치인, 학계, 환경운동가, 지역 주민들 사이에서 격렬한 논쟁으로 번졌죠. 반대 목소리가 컸지만, 박근혜 정부는 결국 최종적으로 성주를 사드 배치 부지로 결정했습니다. 베이징, 모스크바, 평양 모두 강력히 반발했고, 성주 주민들 역시 건강과 환경 문제, 그리고 군사적 위협에 대한 우려를 표하며 항의했습니다. 성주가 박 대통령의 정치적 기반인 경상북도에 있어 박근혜 대통령으로서는 더욱 골치 아팠습니다. 경북 지역의 민심을 자극하는

---

* 과한 우려라는 시각도 있었죠. 하지만 2025년 미국의 이란 핵시설 폭격 이후, 이란은 보복으로 카타르에 있는 미군 기지를 폭격했습니다. 카타르와 이란의 관계가 우호적이었는데도 말이죠. 과한 우려가 아님을 알 수 있습니다.

것이었을까요. 결국 경북에서마저 지지율이 떨어지는 결과로 이어졌습니다.

청와대 민정수석 우병우는 또 다른 논란거리였습니다. 우병우는 박근혜 정부의 실세 중의 실세였습니다. 그런 우병우와 관련된 의혹이 나오며 박근혜 정부에 큰 부담이 됐습니다. 2016년 7월, 그의 부인과 연루된 1000억 원대 규모의 부동산 거래가 드러나며 파문이 일었죠. 이 과정에서 넥슨이 그의 가족 소유의 땅을 매입했다는 사실이 밝혀졌고, 뇌물이 아니냐는 의혹이 제기되었습니다. 언론은 우병우의 문제를 집중적으로 보도했죠. 그 과정에서 새로운 의혹들이 잇따라 드러났습니다. 예를 들어, 우병우의 아들이 '꽃보직'이라 불리는 서울지방경찰청으로 전출된 정황이 밝혀졌죠. 이 전출은 규정을 맞추기 위해 우병우의 인사 발령을 한 달 이상 늦춘 것으로, 그 배경에 대한 의문을 더욱 키웠습니다. 이러한 의혹들은 우병우를 둘러싼 논란을 더욱 확산시키며, 청와대와 정치권의 긴장감을 더욱 증폭시켰습니다. 평소 같았으면 조용히 넘어갔을지도 몰랐지만, 이번에는 달랐습니다. 그동안 주목받지 못했던 특별감찰관실이 우병우에 대한 조사를 시작한 것이죠. 이석수 특별감찰관은 조사 결과를 바탕으로 우병우의 기소를 권고하는 초강수를 뒀습니다. 박근혜의 최측근이던 우병우를 직접 겨냥한, 그것도 정부기관

차원의 조치였기에 더 이례적이었고, 충격적이었죠. 하지만 정치적 현실은 녹록지 않았습니다. 박 대통령 측은 우병우의 의혹을 밝히기보다는, 오히려 특별감찰관실을 비난했습니다. 청와대는 이 특별감찰관이 언론과 전화 통화를 했다는 점을 들어 "국가를 흔드는 일"이라며 강하게 비판했고, 수사까지 예고했죠. 결국, 정치적 압박을 견디지 못한 이석수 특별감찰관은 사임했습니다. 청와대의 무리수 덕에 박근혜와 우병우는 일시적으로 고비를 넘긴 듯 보였지만, 한편으로는 이러한 논란 자체가 정권의 위기를 알리는 신호이기도 했습니다. 더욱 큰 갈등과 비판이 따랐고, 그들이 처한 정치적 위기는 더욱 두드러졌습니다.

세 번째이자 박근혜의 운명을 가른 문제는 이화여자대학교에서 시작되었습니다. 정부는 30억 원 규모의 '평생교육 단과대학' 사업을 시작했습니다. 이대는 '미래생명대학' 설립을 제안하며 이 사업에 참여하려고 했죠. 학생들은 이에 강하게 반발했습니다. 대학의 본래 목적에서 벗어나고, 졸속 추진이었고, 학위 장사로 학교의 명성이 훼손될 수 있다고 주장했습니다. 갈등은 학생들의 대학 본관 점령으로 이어졌죠. 최경희 총장은 성명을 발표해 학생들을 비난했습니다. 대화에 진전이 없던 며칠이 지나고 예상치 못한 반전이 있었죠. 1000여 명의 경찰이 교내로 들어와 학생들을 끌어낸 겁니다. 폭력시위도 아닌데 경찰이 이렇게까지 하나 싶었죠. 학생들은 당연히 분노했습니다. 게다가 대화 대신 경찰을 교내로 끌어들인 장본인이 최경희 총장으로 드러나자, 사태는 더 격해졌습니다. 최경희 총장과 청와대의 사이가 가깝다는 의심이 커졌고, 학생들은 이 사업과 경찰 출동의 배경에 청와대의 개입이 있었을 것으로 추측하기 시작했습니다. 결국, 이 사태는 대학 내부의 문제를 넘어 청와대와의 연관성으로 확대되었죠. 의혹의 중심에 정유라라는 학생이 놓이게 되었습니다. 당시 아무도 몰랐던 정유라가 출석이 불규칙하고 부족했음에도, 좋은 성적까지 받았다는 주장이 나왔습니다. 그런 특혜가 최순실이라는 정치 실세의 딸이었기에 가능했다는 관측이 나왔죠. 이대 사태는 이제 최순실이라는 비선으로 향했습니다. 최순실이 누구인지, 그의 영향력이 어디서 나오는지, 박근혜와 최순실 사이에 무엇이 있는지 의문이 이어졌죠. 이제 모든 시선은 이 미스터리한 인물, 최순실에게 집중되었고, 이는 곧 박근혜 정권을 흔드는 핵심적인 스캔들로 발전하게 되었습니다.

최순실은 누구인가

최순실은 1956년 승려에서 가톨릭으로 개종한 영세교

설립자 최태민의 딸로 태어났습니다. 최태민은 영세교라는 종교를 창시해, 종교활동을 이어가고 있었죠.* 그러던 최태민의 삶은 박근혜를 만나며 궤적이 달라졌습니다. 최태민은 1974년 박근혜의 어머니인 육영수가 암살된 뒤 박근혜에게 접근했습니다. 그는 꿈에서 육영수의 메시지를 받았다며 박근혜의 영적 멘토로 자리 잡았죠. 최태민은 박근혜와의 관계를 바탕으로 새마음봉사단, 육영재단에 관여하며 부를 쌓았고, 정부 지지단체 '새마음운동본부'를 이끌며 정치활동도 벌였습니다. 1994년 최태민이 사망할 때까지 그는 박근혜의 삶에 깊숙이 개입하며 막대한 영향력을 발휘했습니다. 이들의 관계는 박정희도, 전두환도 막지 못했죠.

최태민의 사후에도 그의 일가와 박근혜의 관계는 끊기지 않았고, 결국 그의 딸 최순실이 박근혜의 최측근으로 자리 잡게 되었습니다. 최순실의 전남편 정윤회는 1998년 박근혜가 대구 달성군 지역구에서 국회의원으로 정계에 복귀

---

* 〈영세계靈世界에서 알리는 말씀〉이란 최태민의 광고 문구. "영세계에서 알리는 말씀 근계시하 귀체만복 하심을 앙축하나이다. 영세계 주인이신 조물주께서 보내신 칙사님이 이 고장에 오시어 수천 년간 이루지 못하며 바라고 바라든 불교에서의 깨침과 기독교에서의 성령강림 천도교에서의 인내천 이 모두를 조물주께서 주신 조화로서 즉각 실천시킨다 하오니 모두 참석하시와 칙사님의 조화를 직접 보시라 합니다. 장소: 대전시 대흥동 현대예식장. 일시: 5월 13일 오후 4시."《대전일보》, 1973.5.13.

할 때 비서실장을 맡았습니다. 또한 '문고리 3인방'으로 알려진 정호성 제1부속비서관, 이재만 총무비서관, 안봉근 제2부속비서관 역시 최순실의 추천으로 박근혜의 최측근이 되었죠. 이렇게 대를 이어 다져진 양측의 신뢰는 매우 견고했습니다. 2006년 선거 캠페인 중 박근혜가 테러로 입원하자 최씨 일가가 병상을 지켰고, 퇴원 후에도 최순실의 언니 최순득의 집에서 치료를 받을 정도로 가까운 관계를 유지했습니다.

최순실의 영향력은 2016년까지 대중은 물론 청와대 내부 참모들에게도 철저히 숨겨져 있었습니다. 그의 이름은 거의 거론되지 않았죠. 그러나 이화여대 사태를 기점으로 비밀의 장벽에 균열이 생기기 시작했습니다. 그 시작점은 K스포츠재단 비리 의혹 보도였습니다. 2016년 7월 26일, TV조선이 〈청와대 안종범 수석, 문화재단 미르 500억 모금 지원〉이라는 리포트를 통해 처음으로 의혹을 제기했죠. 이 보도에는 미르재단이 설립되며 기업들로부터 486억 원에 달하는 거액의 후원을 받는 과정에서 청와대의 압력이 있었다는 내용이 담겼습니다. 그 후 9월 《한겨레》가 최순실을 지목하며 본격적인 보도를 시작했죠. 그러자 댐이 터지듯, 미르재단과 K스포츠재단, 전경련과 재벌의 천문학적인 기부, 정유라의 승마, 최순실과 박근혜의 관계 등 관련 보도가 잇따랐습니다. 당시 보도만 봐도 미르재단에는 삼성그룹 계열사 125억 원, 현대차그룹 85억 원, SK그룹 68억 원 등 19개 기업이 486억 원을 출연금으로 냈습니다. K스포츠재단에도 19개 기업이 288억 원을 출연했죠. 또한, 재단의 초고속 설립 과정과 미르재단 관련 인물들이 청와대의 특정 팀에서 활동한 점, 박근혜 본인도 두 재단의 행사에 직접 참석한 점 등은 두 재단과 막대한 자금이 박근혜를 위해 최순실이 모았다는 의심을 사기에 충분했습니다.*

수백억 원의 돈을 대기업에서 걷어냈다는 사실의 충격이 가시기도 전에, 더 믿기 힘든 소식이 한국사회를 뒤흔들었습니다. 최순실이라는 인물이 국정 운영에 깊이 개입했다는 이야기였죠. 최순실의 최측근으로 알려진 고영태는 인터뷰에서 최씨가 대통령의 주요 결정 과정에 관여했으며, 심지어는 대통령의 연설문까지 수정했다고 폭로했습니다. 정말 상상하기 어려운, 그리고 믿고 싶지 않은 내용이었습니다. 청와대는 즉각 이 주장을 전면 부인했습니다. 최순실은 공무 경험도, 보안 자격도 없는 민간인이라며 "봉건시대에도 있을 수 없는 일이다"라고 반박했죠. 하지만 과거 연설문

---

* 기업들에 돈을 강요했다는 검찰 공소에 재판부는 직권남용, 뇌물수수 등에 유죄를 인정했고, 이를 대법원이 2021년 최종 확정했습니다.

에서 실수가 지적되었던 사례들이 다시 주목받으며, 박근혜 대통령은 점차 수세에 몰렸습니다. 최씨의 비선 논란은 점점 더 걷잡을 수 없이 커져갔습니다. 결국, 박 대통령은 10월 24일 국회 본회의장에서 열린 시정연설에서 "개헌을 위한 실무적인 준비를 해나가겠다"고 밝혔습니다. 대통령으로서 가장 큰 정치적 카드를 꺼낸 셈이었죠. 정국은 곧 개헌이라는 블랙홀로 빨려들어갈 듯 보였습니다. 최순실 의혹도, 우병우 논란도 관심에서 멀어질 것 같았죠. 그런데 그날 저녁, 한국사회는 이보다 더 큰 충격의 쓰나미를 맞이하게 됩니다.

10월 24일, JTBC 〈뉴스룸〉은 최순실 관련 특종 보도를 내보냈습니다. 최순실의 태블릿PC를 입수해 분석한 결과를 공개한 것이죠. 이제까지 소문으로만 나돌던 최순실 국정 개입의 실체가 드러나는 순간이었습니다. 컴퓨터에서 박근혜 대통령의 연설문 초안들과 기타 발언문이 발견되었습니다. 이 문서들은 2012년 대선 후보 시절부터 2014년 대통령 재임 기간까지 이어져 있었죠. 청와대 내에서도 널리 공유되지 않는 대통령 연설문을 최순실이 미리 확인했던 겁니다. 최씨가 박 대통령이 연설하기 몇 시간, 혹은 며칠 전에 전달받아 수정한 것도 드러났습니다. 그중 2014년 3월 독일 드레스덴에서 발표한 연설문이 가장 주목받았습니다.

이 연설은 박근혜 대통령의 대북 정책을 담은 중요한 발표로 알려졌지만, 최순실이 하루 전에 받아봤을 뿐 아니라 고치기까지 한 것이 드러났죠. 최씨가 받은 자료는 대통령 연설문뿐만이 아니었습니다. 국무회의 자료, 지방자치 업무보고, 청와대 수석회의 모두 발언도 사전에 받았습니다. '충격'이라는 단어로는 부족했습니다. 선거를 통해 권력을 국민에게서 위임받은 대통령이 이를 한 개인에게 넘긴 셈이었으니까요. 대통령이란 직책에 담긴 무게와 책임이 무색해지는 순간이었습니다. 국가를 이끄는 결정이 최순실이라는 개인 손가락에 의해 좌지우지됐으니, 분노와 한탄이 여기저기서 터져 나왔죠.

박근혜 지지율 5%대로 추락

박근혜 대통령의 JTBC 보도에 대한 대응은 그야말로 이례적이었습니다. 평소 박 대통령은 비판을 마주해도 침묵하거나 책임을 타인에게 돌리는 모습으로 일관했죠. 그렇지만 이번에는 달랐습니다. JTBC의 폭로가 나온 다음 날인 10월 25일, 박 대통령은 카메라 앞에서 공개적으로 사과했습니다. 약 2분 동안 진행된 녹화 사과문에서 최순실과의 관계를 인정했죠.

최순실씨는 과거 제가 어려움을 겪을 때 도와준 인연으로 …… 일부 연설문이나 홍보물도 같은 맥락에서 표현 등에서 도움을 받은 적이 있습니다. 취임 후에도 일정 기간 동안 일부 자료들에 대해 의견을 들은 적도 있으나 …… 이유 여하를 막론하고 국민 여러분께 심려를 끼치고 놀라고 마음 아프게 해드린 점에 대해 송구스럽게 생각합니다. 국민 여러분께 깊이 사과드립니다.

그러나 이 사과는 국민의 놀라움과 분노를 잠재우기에는 역부족이었습니다. 수많은 의문에 답을 제시하기에도 턱없이 부족했죠. 억지로 등 떠밀려 나온 듯한 태도와 드러난 문제만 겨우 덮으려는 모습은 오히려 박 대통령의 정치적 취약함만 부각했습니다. 국민에게 남은 것은 분노와 의문, 그리고 깊은 실망뿐이었습니다. 그 주말, 서울 곳곳에서 촛불이 밝혀졌습니다. 대통령 퇴진을 요구하는 대규모 촛불집회가 시작된 것이죠.

정치권의 대응 역시 혼란스러웠습니다. 박 대통령은 국민의 신뢰를 회복하려는 명목으로 청와대 참모진 교체를 단행했지만, 결과는 정반대였습니다. 지지율의 하락은 가속화되었습니다. 한국갤럽의 조사에 따르면, 10월 마지막 주에 박 대통령의 지지율은 17%로 추락했고, 그다음 주에는

5%대로 떨어졌습니다. 이후로도 회복되지 못했죠. 이는 박근혜 정권에 대한 국민적 신뢰가 거의 완전히 무너졌음을 보여주는 사례였습니다. 정당들도 해법을 찾아나섰습니다. 민주당 문재인 대표는 10월 26일, '최순실 게이트' 사태의 해결책으로 박 대통령의 새누리당 탈당과 거국중립내각 구성을 촉구했습니다. 이를 통해 대통령에게 사퇴 압박을 가하려 했죠. 뜻밖에도 새누리당이 이에 화답했습니다. 10월 30일, 새누리당은 거국중립내각을 정치적 파장을 최소화할 방안으로 받아들이겠다고 발표했죠. 그러자 민주당이 발을 뺐습니다. 민주당 인사들은 "새누리당은 거국내각을 주도할 자격이 없다"며 정치적 해법에 반대 입장을 내놓았습니다. 새누리당이 내각을 주도할 경우 박 대통령의 측근들이 여전히 권력을 유지할 것이라는 우려가 컸기 때문이었죠. 결국, 거국중립내각이라는 정치적 해법은 무산되었습니다. 이 과정에서 정치적 주도권 다툼만 부각되었고, 결과적으로 정치적 혼란만 더 깊어졌습니다.

여론이 악화하며 정치적 압박은 더욱 거세졌습니다. 수사를 피해 독일에 머물던 최순실이 10월 30일 귀국하자, 그동안 미온적이던 검찰도 태도를 바꿨습니다. 최순실의 집과 사무실을 즉각 압수수색한 검찰은, 10월 31일 최순실을 체포한 데 이어 11월 2일 안종범 정책조정수석까지 체포했죠. 이후 수사팀은 규모를 확대하며, 박근혜 대통령과 가까운 인물들을 연이어 조사하고 체포했습니다. 정호성 비서관(11월 3일), 차은택 광고 감독(11월 8일), 최순실 조카 장시호, 그리고 김종 전 문화체육관광부 차관(11월 18일) 등 핵심 인사들이 줄줄이 체포되었죠.

해법을 찾아 헤매던 정치권의 분위기 역시 빠르게 변했습니다. 야당 지도자들 사이에서도 점점 더 강경한 목소리가 나오기 시작했죠. 박원순 서울시장은 박근혜 대통령의 즉각 사퇴를 공개적으로 요구하며 여론을 선도했습니다. 하지만 대통령도 가만히 있지 않았죠. 11월 2일, 예상치 못한 내각 개편을 단행하며 직을 유지하겠다는 의지를 분명히 했습니다. 이어 11월 3일에는 두 번째 대국민 사과를 발표하며, 자신은 대기업들로부터 '공익 목적'을 위해 자금을 지원받으려 했다고 주장했습니다. 하지만 이 사과는 의혹을 해소하기는커녕 새로운 논란을 낳았죠. 11월 4일 담화에서 박 대통령은 검찰 수사를 받겠다고 했지만, 이는 자신의 영향력 아래 있는 검찰을 통한 조사를 의미했습니다. 정치적 양보보다는 시간을 벌려는 전략으로 해석되었죠. 결국, 대통령에 대한 신뢰는 더욱 떨어졌고, 여론은 '탄핵'으로 기울기 시작했습니다.

촛불집회가 시작되다

박근혜와 정부의 무대응, 정치권의 실패는 국민의 분노를 키웠습니다. 그리고 분노는 행동으로 이어졌습니다. 전국적으로 반정부 집회가 번져나갔습니다. 서울 '촛불집회'가 토요일에 정기적으로 열리기 시작했고 부산, 광주 등 대도시뿐 아니라 평택, 진주, 서산, 원주 등 중소도시에서도 열렸죠. 참여 인원도 폭발적으로 증가했습니다. 11월 5일 두 번째 집회에서는 20만~30만 명이, 11월 12일에는 100만 명이 거리로 나왔습니다. 집회의 질적 변화도 있었습니다. 처음에 진상 규명이 주요 요구였죠. 하지만 곧 '대통령 퇴진'으로 구호가 바뀌었습니다.* 그러나 정치권은 이를 제대로 따라잡지 못했습니다. 박근혜 전 대통령을 지키려는 세력은 물론, 야당 역시 적절한 대처 방안을 찾지 못하고 우왕좌왕할 뿐이었죠.

11월 중순까지도 야당은 탄핵 절차를 본격적으로 시작하는 데 주저했습니다. 우선, 숫자의 문제가 있었죠. 야당과 무소속 의원 전원을 합해도 171석에 불과해, 탄핵안 가결에 필요한 200석에는 못 미쳤습니다. 게다가 일부 야당 의원들은 대통령의 자진 사퇴를 선호하며 탄핵에 반대해 내부

---

*   다음 장에서 촛불집회를 좀 더 자세히 살펴보겠습니다.

적으로 의견이 갈렸습니다. 만약 탄핵안이 본회의에서 부결된다면, 박근혜 대통령에게 정치적 승리를 안겨줄 수 있다는 우려가 컸죠. 탄핵 이후의 상황도 고민거리였습니다. 탄핵이 이루어질 경우 황교안 국무총리가 권한대행을 맡게 되는데, 황 총리가 박 대통령의 대리인에 불과하다는 인식이 강했습니다. 이 때문에 황교안 체제가 박근혜에게 이익이 될 가능성이 크다는 우려가 나왔죠. 헌법재판소에 대한 불신도 문제였습니다. 대통령이 파면되려면 재판관 9명 중 최소 6명이 찬성해야 하는데, 당시 재판관 7명이 보수 성향이었죠. 탄핵안이 헌재에서 기각될 가능성을 무시할 수 없었습니다. 야당이 주저하던 상황이 변하기 시작한 것은 11월 20일, 야권 대선 주자 8명이 한자리에 모인 때였습니다. 회의 직전, 검찰이 최순실 국정농단 사건에 대한 중간 수사 결과를 발표했는데, 여기에는 박근혜 대통령과 공범 관계라는 혐의가 명시되었습니다. 이는 탄핵에 대한 법적 근거를 제공하며 분위기를 반전시켰죠. 김부겸, 문재인, 박원순, 심상정, 안철수, 안희정, 이재명, 천정배 등 주요 대선 주자들은 이 결과를 바탕으로 탄핵을 추진하는 공동성명을 발표했습니다. 탄핵은 급물살을 탔죠.

　　국민의 탄핵 요구는 점점 더 강력해졌습니다. 여론조사에서는 80% 이상의 국민이 탄핵에 찬성한다고 나왔습니다. 하지만 박 대통령은 검찰 조사에 응하지 않았고, 이는 국민의 반감을 더욱 키웠죠. 11월 26일 전국적으로 열린 집회에는 190만 명이 참여하며 역대 최대 규모를 기록했습니다. 외신은 이 사태를 상세히 보도하며, 특히 광화문에서 보인 시민의 질서에 감탄했다고 했습니다. 이렇게 많은 사람이, 질서정연하고 뜨겁게 시위하는 모습이 신기하기만 했던 것이죠. 12월 초로 다가온 국회의 탄핵안 표결을 앞두고 박 대통령은 11월 29일 세 번째 대국민 담화를 발표하며 임기 단축을 제안했습니다. 그러나 구체적인 일정과 법적 절차를 조건으로 내세우며 정치권에 혼란을 초래했죠. 탄핵안 처리는 잠시 지연됐지만, 국민은 더 큰 규모로 거리로 나왔고, 결국 정치권은 원래 계획대로 탄핵안을 추진할 수밖에 없었습니다.

탄핵의 열기가 타오르며 국민과 야당은 똘똘 뭉쳤습니다. 여기에 새누리당 비박계가 중심이 된 비상대책위원회가 탄핵 찬성으로 입장을 선회하며 결정적 전환점을 맞았습니다. 비박계의 찬성 덕에 약 30표의 추가 동력이 확보된 셈이었죠. 기존 야당과 무소속 의원들의 171표에 이 30표가 더해지면 200표를 넘길 가능성이 커졌습니다. 탄핵안 가결에 대한 기대가 커진 건 당연했습니다. 탄핵의 정치적 동력은 급격히 강해졌고, 야당은 이를 놓치지 않았죠. 더불어민주당, 국민의당, 정의당은 12월 9일 정기국회 내 탄핵안을 처리하겠다는 목표 아래 공동 발의안을 신속히 준비했습니다. 온 나라가 숨죽이며 지켜보는 가운데, 12월 9일 탄핵안이 드디어 표결에 부쳐졌습니다. 결과는 모두의 예상을 뛰어넘었죠. 200표를 겨우 넘길 것이라는 전망과 달리, 찬성 234표라는 압도적 지지가 모였습니다. 반대는 고작 56표에 불과했죠. 비박계뿐만 아니라 소위 친박계로 불리던 여당 의원 중 상당수가 탄핵에 찬성표를 던진 것으로 보였습니다. 박근혜 대통령이 한때 장악했던 정치적 기반이 국민의 분노 앞에서 무너져 내린 결과였죠. 이는 박 대통령에게 뼈아픈 정치적 패배였습니다. 반면, 국민과 야당에게는 어렵게 얻어낸 역사적 승리였습니다. 정치적 혼란을 헌법 절차에 따라 질서 있게 극복한 사건이었으니까요. 이는 한국 민주주의가 또 한 번 중요한 전환점을 맞이한 순간으로 기록되었습니다.

4장

촛불집회 VS 친박집회
태극기부대의 탄생

한국 극우의 성장은 반동적인 성격이 강합니다. '잃어버린 10년'에 대한 반발로 뉴라이트가 등장했던 것처럼, 이명박과 박근혜의 보수 정부에 대한 비판이 극우세력의 성장을 이끌었습니다. 그러니 최순실-박근혜 스캔들, 후폭풍, 그리고 극우의 반동은 어찌 보면 놀랍지 않습니다. 최순실 스캔들로 촉발된 박근혜의 정치적 몰락은 그야말로 상상을 초월했고, 이를 이끈 반정부 시위는 전례 없는 규모로 벌어졌습니다. 그리고 극우의 반작용도 그만큼 요란하고 특별했죠. 실제로 박근혜의 탄핵 국면에서 한국 극우는 급성장했습니다. 기존의 정치 엘리트나 소수의 운동가 집단에서 벗어나, 일상적인 시민들까지 포괄하는 대중운동으로 발전했습니다. 한정된 공간에만 존재하던 극우가 광범위한 사회적 기반을 형성한 것입니다.

이 장에서는 이러한 극우세력의 변모 과정을 되짚어보려 합니다. 이 과정에서 작용과 반작용으로 나타난 특징을 파악해보겠습니다. 그 시작점으로 촛불집회부터 돌아보죠.

촛불집회, 박근혜를 몰아내다

2016년 10월, 반정부 시위의 물결이 점차 커지기 시작했습니다. 시작은 이화여자대학교 학생들이었죠. 그들은 최순실의 딸 정유라와 관련된 입시와 학사 특혜, 그리고 최경희 총장 스캔들에 대한 책임을 촉구했습니다. 학생들의 요구가 묵살되자, 그들은 총장실을 점거하며 행보를 더욱 과감히 이어갔습니다. 연대의 뜻으로 교수들도 11일 단식 농성에 돌입했죠. 수백 명 규모로 시작된 학생들의 시위는 점차 세를 불리기 시작했습니다. 19일에는 참가자 수가 5000명을 넘었고, 더 많은 교수들이 시위에 동참했습니다. 반정부 시위는 학내에만 머무르지 않았습니다. 15일에는 농민 운동가 백남기씨의 의문사에 대한 조사를 요구하는 시위가 있었습니다. 18일에는 정부의 예술 검열과 블랙리스트를 규탄하는 시위가 열렸습니다. 하나같이 가벼운 사안이 아니었죠. 박근혜 정부는 전례 없이 수세에 몰렸습니다.

계속된 시위로 뜨거워진 정치적 분위기는 10월 24일 JTBC의 보도로 더욱 거세졌습니다. 월요일 저녁에 방송된 이 보도는 대중의 즉각적이고 열렬한 반응을 불러일으켰습니다. 수요일이 되자, 전국 곳곳에서 시민들이 거리로 쏟아져 나왔습니다. 서울과 부산에서는 수백 명의 시민이 정부의 부패를 규탄하며 목소리를 높였죠. 시민 시위에 더해 NGO와 학계에서도 강력한 비판 성명이 이어졌습니다. 해외에 있는 교수와 학자들도 성명을 내며 동참했습니다. 이러한 국민의 끈질긴 저항은 그 주 내내 계속되었고, 점점 더 많은 이들이 참여하며 그 열기는 더욱 거세졌습니다. 뉴스 보도 직후 첫 주말이었던 10월 29일, 서울 청계광장에서 첫 촛불집회가 열렸습니다. 예상을 훌쩍 넘는 약 2만~3만 명의 시민들이 촛불을 들고 모였죠. 집회가 끝난 뒤, 참가자들은 행진을 이어갔고, 점차 그 수가 불어나기 시작했습니다. 행진의 목적지는 광화문 광장이었습니다. 한국 현대사에서 중요한 시위들이 열렸던 곳일 뿐 아니라, 주요 기념비와 정부 건물이 자리한 상징적인 공간이죠. 또한 청와대로 가는 가장 직접적인 경로라는 점에서 더욱 의미가 깊었습니다.

박근혜 규탄 집회는 서울을 넘어 부산, 울산, 광주 등 여러 대도시로 확산됐습니다. 집회의 형태도 다양했습니다. 전주에서는 차량 경적 시위가 주목을 받았고, 인천에서는 침묵 독서회라는 독특한 시위가 열렸습니다. 전주에서는 "박근혜 퇴진!"이라는 문구가 적힌 빨간 플래카드가 버스 앞 유리창에 내걸렸죠. 평택, 파주, 익산, 거제와 같은 소도시에서도 시위가 열렸습니다. 이미 시민들은 "박근혜 퇴진"이라는 요구를 분명히 했고, 이는 정치인들의 신중한 태도를 압도하며 국민적 의제로 자리 잡았습니다. 11월 5일 열린 두 번째 집회, '모이자! 분노하자! #내려와라박근혜 2차 범국민행동'은 초기 예상인 5만 명을 훨씬 뛰어넘어 약 20만~30만 명이 참가했습니다. 세 번째 촛불집회 역시 예상을 초과하며 100만 명 이상의 인파가 몰렸습니다. 이후 주말마다 서울에서 열린 촛불집회에는 100만 명에 달하는 시민들이 꾸준히 참여했습니다. 특히 11월 26일 다섯 번째 집회에는 200만여 명이 모였습니다. 이에 3일 뒤인 11월 29일, 박근혜 대통령은 세 번째 사과문을 발표하며 정치적 해결책을 제안하고 야권의 분열을 시도했습니다.

박근혜는 정치적 탈출을 모색하고, 정계에서는 혼란을 겪었지만, 시민들의 가장 큰 요구는 이미 박근혜 대통령의 즉각 퇴진이었습니다. 시위 주최 측은 정치인들의 결단을 압박하기 위해 12월 3일에 열릴 집회에 더 많은 시민의 참여를 촉구했습니다. 이날 열린 여섯 번째 촛불집회는 '촛불의 전쟁 선포, 박근혜 즉각 퇴진의 날'이라는 이름으로 진행되었고, 전국적으로 약 232만 명이 참여하는 기록을 세웠습니다. 이 중 서울에서는 170만 명, 부산에서는 22만 명, 광주에서는 15만 명이 참여했으며, 이는 한국 역사상 최대 규모의 집회로 기록되었습니다. 특히 서울 집회 참가자들은 청와대에서 약 100미터 떨어진 지점까지 접근했죠. 촛불집회는 상당한 효과를 발휘하며 탄핵 추진에 소극적이던 야당에 강한 압박을 가했습니다. 이 압박은 야당을 흔들어 신속히 입장을 바꾸고 국회 차원의 탄핵 추진을 지지하게 만들었습니다. 그 결과, 12월 3일 새벽, 박근혜 대통령에 대한 탄핵소추안이 공동 발의되었습니다. 이로써 탄핵을 향한 여정은 확실히 정해지고, 더는 피할 수 없는 방향으로 나아가게 되었습니다.

탄핵소추안이 발의된 뒤에도 촛불집회는 계속되었습니다. 이는 12월 국회 청문회를 넘어, 이듬해 1월과 2월 헌법재판소의 심리 과정까지 이어졌습니다. 그리고 마침내, 2017년 3월 10일 헌법재판소는 최종 선고를 통해 대통령 탄핵을 결정했죠. 그다음 날인 3월 11일, 광화문 광장에서는 제20차 촛불집회가 열렸습니다. 시민들은 이를 '진정한 봄의 도래'로 기념하며 탄핵 이후 첫 집회를 전국적 축제로 승화시켰습니다. 이 집회에는 70만 명이 참석해 승리를 만끽했습니다. 시민들은 "국민이 승리했다" "박근혜를 구속하라" "황교안도 사퇴하라" 등의 구호를 외치며 기쁨을 나누었죠.

친박집회, 박근혜를 지키기 위해 모이다

돌이켜보면 촛불집회가 없었다면, 박근혜는 물러나지 않았을 공산이 큽니다. 여당은 물론이고 야당 정치인들도 정치적 타협을 우선 고려했죠. 헌법 수호, 체제 안정 등 모호하지만 익숙한 깃발을 흔들며 사태를 호도했을 겁니다.

권력을 나누고, 시간만 끌고 사태는 흐지부지 끝났을 수도 있었죠. 박근혜의 정치적 복귀도 가능했을지 모릅니다. 그러나 이러한 시나리오는 현실이 되지 않았습니다. 촛불집회가 있었기 때문입니다. 촛불집회가 만들어낸 압도적인 정치적 에너지는 기존의 허술한 논리와 타협을 모두 압도했습니다. 결국 박근혜는 탄핵됐고, 대통령직에서 파면됐습니다. 하지만 모든 작용에는 반작용이 따릅니다. 촛불집회가 강한 압력을 가한 만큼, 그 반동도 강력했습니다. 이는 우리가 요즘 '태극기부대' '태극기집회'라 부르는 정치 행태의 발단이 됐죠.

10월 31일, 서울 JTBC 방송국 앞에서 열린 어버이연합의 시위를 첫 친박집회로 볼 수 있습니다. 어버이연합 회원들은 박근혜와 최순실의 연루 의혹을 보도한 JTBC를 비난하며, 해당 보도가 왜곡되었음을 주장했습니다. 어버이연합은 '확인되지 않은 의혹'과 관련된 중요한 증거인 태블릿PC의 입수 경로에 대한 투명한 공개를 요구했고, 언론이 정확한 정보 없이 '추측성 보도를 퍼뜨리고 있다'고 비판했습니다. 물론 이는 사실이 아니었죠. 하지만 이들에게 사실이 무엇인지는 중요하지 않았습니다. '박근혜 대통령은 결백하다'는 결론에 필요한 억지와 선동을 이어갔죠. 어버이연합의 선동에 극우단체들이 하나둘 모습을 드러냈습니다. 11월

5일에는 엄마부대 대표인 주옥순이 광화문 근처에서 박근혜 지지 시위를 조직했고, 그 후에도 박근혜 지지 집회가 서울 남부지검 앞에서 진행되었죠. 이들은 검찰에 JTBC의 태블릿PC 입수 경로에 대한 조사를 촉구했습니다.

친박세력의 대규모 시위는 2016년 11월 12일 토요일에 본격적으로 시작되었습니다. 이날 대구에서는 20여 개 보수단체 회원 500여 명이 박근혜 전 대통령을 지지하며 시위를 벌였습니다. 같은 날, 서울 여의도에서는 애국시민연합 등 보수단체들이 집회를 열었고, 1000여 명의 참가자들이 대통령 퇴진에 반대하는 목소리를 냈습니다. 새로운한국을위한국민운동 서경석 집행위원장은 "야당과 노동계 등은 대규모 인원을 동원하고 있다"며 "이들은 종북좌파로 민주주의를 무너뜨리는 세력"이고 "4·19처럼 학생들이 총에 맞은 것도 아니고 대통령이 검찰 조사를 거부한 것도 아닌데도 이들은 대통령을 하야하라고 하며 권력을 찬탈하려 한다. …… 과거 민주화운동을 하는 심정으로 우리가 대한민국을 지켜야 한다"고 했습니다. 한 연사는 "당장 계엄을 선포해 빨갱이들을 모조리 잡아넣어야 한다"고 목청을 높였죠. 집회 참석자 대부분은 60~70대로 주로 태극기를 들고 있었습니다. 비슷한 시위는 11월 17일 서울역 광장에서도 이어졌습니다. 태극기를 흔들며 극우적 선동을 이어가는 집회는 그다음 날에도 계속되었습니다. 주말 촛불집회에 맞서기 위해 보수 진영이 결집하며 소위 맞불집회를 준비하는 모습도 확인되었습니다. 촛불에 대한 대응으로 친박세력이 점점 뭉친 것이죠.

그 결과 서울역 광장에서 대규모 박근혜 지지 집회가 11월 19일에 열렸습니다. 경찰 추산 1만 명 이상이 모인 이 집회는 70여 개의 보수단체가 결성한 헌법수호시민연대에 의해 조직되었습니다. '헌법 수호를 위한 국민의 외침'이라는 이름 아래 진행된 집회에는 박사모(박근혜를사랑하는사람들의모임)가 주요한 역할을 맡았고, 한국자유총연맹과 엄마부대 등이 힘을 보탰습니다. 참가자들의 주장은 한마디로 박근혜 대통령을 "좌파들의 음모"로부터 지켜야 한다는 것이었죠. 박사모 정광용 회장은 '박근혜의 하야는 한국의 몰락'이라고 기염을 토했습니다. 문재인이 대통령이 될 것이고, 그렇게 되면 '남북한 연방제도가 수립되면서 김정은이 대한민국의 대통령이 된다'고 주장했습니다. 보수언론에 대한 비난도 이어졌죠. 참석자들은 조선일보, 중앙일보, 동아일보를 싸잡아 비판하며 "조·중·동도 좌빨 다 됐다"고 외쳤고, KBS 같은 공영 방송조차 "빨갱이"로 몰아세웠습니다. 근거 없는 반공 카드를 꺼내 들어 억지 주장을 이어가는 모습이었지만, 그럴수록 집회 현장의 열기는 더 타올랐습니다.

11월 19일에 열린 이 집회는 여러모로 의미가 있습니다. 무엇보다 극우가 한국사회에 자리매김했다는 의미가 가장 크죠. 다양한 극우 조직이 한자리에 모였고, 이 단체들이 1만 명 이상의 참석자를 동원했습니다. 참석자들은 군복을 입고 가스통을 든 이상한 사람들이 아니라 우리 주변에서 흔히 볼 수 있는 가족과 이웃들의 모습이었고, 이는 극우의 목소리가 평범한 사람들에게 널리 퍼져가고 있음을 알게 해주었습니다. 교회에서, 공원에서 만나는 평범한 이들이 자신들만의 뚜렷한 세계관을 가지고 모인 것이었죠. 그들도 이날 집회를 '태극기집회'의 시작으로 봅니다.

　　이날 이후, 박근혜 지지 세력에 의한 시위는 전국적으로 늘어났습니다. 춘천, 대전 등 여러 도시에서 박근혜 지지 시위가, 그것도 토요일에 이어졌죠. 사실상 촛불시위에 대한 맞대응이었습니다. 촛불집회의 규모가 커지면서, 태극기집회의 규모도 커졌습니다. 12월 3일 토요일에 열린 태극기집회에는 무려 3만여 명이 참가했습니다. 이때 박근혜의 세 번째 대국민 담화, 국회에서의 탄핵안 통과가 잇따르며 긴장이 높아졌습니다. 12월 10일에는 박근혜 지지자들이 '탄기국'(대통령탄핵기각을위한국민총궐기운동본부)을 조직했고, 첫 집회를 열었습니다. 뒤에 살펴볼 것처럼, 탄기국은 태극기세력이 조직화된 시발점입니다. 그런 면에서 이날 집회는 아주 중요했죠. 이날 4만여 명의 박근혜 지지자가 모여 헌법재판소로 행진하며 세를 과시했습니다. 게다가 새누리당 김진태(강원 춘천)·이우현(경기 용인시갑) 의원 등 주류 정치인도 태극기집회에 나타나기 시작했습니다.

2017년 새해가 시작되자 법적 절차가 진행되고, 헌법재판소의 박근혜에 대한 결정이 다가오면서 긴장이 높아졌습니다. 2월 17일 삼성 부회장 이재용이 구속되었고, 27일에는 박근혜에 대한 30년 형을 구형한 검찰의 발표가 있었습니다. 28일에는 특검이 수사를 마무리하고 헌법재판소의 결정을 예고했습니다.

2월 25일, 탄기국은 서울 덕수궁과 대한문에서 대규모 집회를 열었고, 참가자들은 "탄핵 기각"이나 "탄핵 무효"를 외치며, 헌법재판소의 결정에 반대하는 뜻을 표명했습니다. 일부 참가자들은 "헌법재판소가 탄핵을 확정한다면 그들도 '공산주의자'다. 우리는 결코 공산주의자들에게 굴복할 수 없다"며 위협적인 발언을 서슴지 않았죠. 박근혜 대통령의 운명을 결정짓는 시점이 다가오면서, 태극기집회의 분위기는 더욱 격화됐습니다. 극우단체의 집회에서 연설자들은 폭력적 행동을 암시하기도 했습니다. 참가자들은 이를 지지하며 행동에 나설 의지를 표명했습니다. 온라인상에서도 극단적인 수사가 늘어났습니다. 극우 온라인 커뮤니티에서는

"탄핵이 확정되면 즉시 국가비상사태를 선포해야 한다" "탄핵은 반역 행위이며 군법으로 처리해야 한다" "나는 애국적 순교자로서 궁극적인 희생을 할 준비가 되어 있다" "확정된 탄핵은 전쟁 상태로 이끌 것이다"라는 글들이 퍼졌습니다. 심지어 '청년 암살단'과 같은 이름을 내건 단체에 가입을 권유하는 게시물도 등장했습니다.

박근혜 파면, 분노한 시위대

2017년 3월 10일 금요일, 그날은 맑고 쌀쌀한 날씨로 시작되었지만 시간이 지나자 점차 구름이 끼고 기온이 떨어졌습니다. 오후 늦게는 비가 내리기 시작했습니다. 서울 종로구 재동에 있는 헌법재판소는 보통은 조용하고 한가롭기까지 하죠. 창덕여고가 수십 년간 있던 자리로 수령이 600년이나 되는 커다란 백송이 여유롭게 그 자리를 빛내고 있습니다. 하지만 그 금요일 아침, 재판소 일대는 긴장감과 소음으로 터질 듯했습니다. 헌법재판소는 92일간의 박근혜 대통령의 탄핵 심판을 마무리하고 최종 판결을 내릴 예정이었습니다. 주변은 전날부터 경찰 경비가 강화된 상태였습니다. 경찰은 최고 수준의 경계태세를 유지하며 서울 시내에 2만 명 이상의 인원을 배치했고, 그중 절반은 헌법재판소 주변에 자리 잡았죠. 경찰 차량이 헌법재판소 앞 도로를 메우고, 이 지역에 들어가려는 시민들은 신분증을 확인받아야 했습니다. 박 대통령의 지지자들도 헌법재판소 주변에 모여 밤새 철야 시위를 벌였으며, 헌법재판소가 탄핵안을 기각할 것이라는 희망을 품고 있었습니다. 한 60대 참가자는 다음과 같이 말했습니다.

> 인용하지 않을까 하는 걱정에 지난밤도 꼬박 새웠다. 법대로만 하면 100%, 1000% 각하인데 헌법재판관들이 이완용처럼 제 배와 욕심을 채우려고 나라를 팔면 안 된다. 유관순처럼 나라를 구해야 한다. 나라 망치는 것들 죽여버려야 한다. 총으로 쏴 죽이고 싶은 것들이다. 탄핵이 기각된다면 여기 목숨 내놓을 사람들 많다. 살 만큼 살았는데. 내 자식들에게 이런 세상을 물려줄 수 없다.

일부는 헌법재판소가 대통령에 대해 판결을 내릴 법적 근거에 의문을 제기하기도 했습니다. 대통령이 지위가 더 높은데 그보다 낮은 기관이 파면을 결정할 수는 없다고들 믿었죠.

박근혜 지지자의 바람과는 반대로 헌법재판소는 만장일치로 탄핵안을 받아들여 박근혜를 파면했습니다. 헌법재판소는 박근혜의 최순실씨에 대한 국정 개입 허용과 권한 남용을 문제 삼았습니다.

각종 인사 자료, 국무회의 자료, 대통령 해외순방 일정과 미국 국무부 장관 접견 자료 등 공무상 비밀을 담고 있는 문건을 (최순실에서 개명한) 최서원에게 전달하였습니다. 최서원은 그 문건을 보고 이에 관한 의견을 주거나 내용을 수정하기도 하였고, 피청구인의 일정을 조정하는 등 직무 활동에 관여하기도 하였습니다. 또한, 최서원은 공직 후보자를 추천하기도 하였는데, 그중 일부는 최서원의 이권 추구를 도왔습니다.

이에 더해 박근혜가 미르재단과 K스포츠재단을 설립한 주체였다고 인정했습니다. 박 대통령은 청와대 비서관 안종범에게 재단을 설립하도록 지시했고, 미르재단은 주요 기업들로부터 486억 원을 기부받았으며, K스포츠재단은 288억 원을 받았다고 지적했죠. 박근혜가 "재단법인 미르와 케이스포츠의 설립, 최서원의 이권 개입에 직, 간접적으로 도움을" 주어 "기업의 재산권을 침해하였을 뿐만 아니라, 기업 경영의 자유를 침해"했다고 밝혔습니다. 더군다나 박근혜는 최씨의 국정 개입 사실을 철저히 숨겼고, 그에 관한 의혹이 제기될 때마다 이를 부인하며 오히려 의혹 제기를 비난하였습니다. 이로 인해 국회 등 헌법기관에 의한 견제나 언론에 의한 감시 장치가 제대로 작동될 수 없었습니다. …… 피청구인의 헌법과 법률 위배 행위는 재임 기간 전반에 걸쳐 지속적으로 이루어졌고, 국회와 언론의 지적에도 불구하고 오히려 사실을 은폐하고 관련자를 단속해왔습니다.

이렇게 밝힌 뒤 헌법재판소는 박근혜를 파면했죠.

박근혜의 파면 소식은 이정미 헌법재판소장의 차분하고 단호한 목소리로 전해졌습니다. 헌법재판소 앞에 모인 사람들은 환호와 박수로 기쁨을 나눴지만, 박근혜 지지자에게는 충격과 분노의 순간이었죠. 많은 이들이 울음을 터뜨렸고, 길바닥에 드러눕고 경찰에게 고함을 지르는 등 분노를 이기지 못했습니다. 이들의 격양된 감정은 헌법재판소 주변을 순식간에 아수라장으로 만들었습니다. 당시 탄기국 대변인 정광용은 "오늘 사람이 아스팔트에 피를 흘렸다. 저기 경찰차를 넘어가서 헌법재판소를 불태우기라도 합시다"라고 외쳤고, 손상대 대표는 "오늘 저 헌법재판소를 부숴야 됩니다. 오늘 청와대, 헌법재판소 우리가 다 접수합니다. 돌격"이라며 참가자들을 자극했습니다. 이러한 선동에 따라

집회 참가자들은 헌재로 몰려들었고, 일부는 헌재 진입을 시도하며 경찰과 충돌했습니다. 참가자들은 경찰 버스에 올라가 태극기를 휘두르기도 했죠. 경찰 버스를 파손하며 경찰의 방어선을 무너뜨리려 했습니다. 기자들이 폭행을 당하기도 했습니다. 결국 이날의 폭력적 시위로 3명의 시위자가 목숨을 잃었고, 33명의 경찰이 다쳤습니다.

다음 날, 토요일. 탄기국 지지자들은 대한문과 서울시청 광장에 다시 모였습니다. 이들의 분노는 전날보다 격렬해졌고, 집회는 단순한 항의시위를 넘어 새로운 결집의 장으로 변모했습니다. 헌법재판소의 탄핵 결정에 대한 이들의 반발은 강경했죠. "탄핵 무효" "국회 해산" "헌법재판소 해산" 같은 구호가 끊임없이 울려 퍼졌고, 그 속에는 단순한 정치적 반대가 아니라 체제 자체에 대한 불신이 짙게 배어 있었습니다. 이들은 탄핵 증거가 조작되었다는 주장을 거듭 강조했습니다. 최순실의 범죄가 사실이라 해도, 이는 박근혜 대통령과는 무관하다는 논리를 펼쳤죠. 헌법재판소의 만장일치 결정은 음모의 결과라며, 그 배후에 특정 정치세력이 있다고 의심하기도 했습니다. 주장은 종종 현실적 근거를 넘어서면서 음모론적 색채를 띠었지만, 그만큼 이들의 분노와 좌절감이 깊음을 보여주었습니다.

집회는 단순한 항의에서 벗어나 새로운 정치적 결집을

꾀하는 장으로 진화했습니다. 기존 정치권에 대한 불신과 실망이 커지면서, 이들은 자신들의 입장을 대변할 새로운 정당 창당을 요구하기 시작했죠. 탄기국 내부에서는 보수 진영의 재편을 통해 자신들의 목소리를 제도권으로 끌어올리려는 움직임도 감지됐습니다. 이날의 시위는 단순한 반대가 아니라, 박근혜 탄핵 이후의 보수 진영이 어떤 모습으로 변화하고 재편될지를 가늠할 수 있는 예고편 같은 장면이었습니다. 광장은 여전히 태극기의 물결로 가득 찼고, 그 속에서 이들의 목소리는 더욱 결연해졌죠.

2017년 3월 21일 아침, 박근혜 전 대통령의 삼성동 자택은 사람들로 북적였습니다. 전직 대통령으로서 네 번째로 검찰 조사를 받는 날이었으니, 전국적인 관심이 집중될 수밖에 없었죠. 그는 자택을 떠나 8분간의 짧은 여정을 거쳐 서울중앙지검에 도착했습니다. 도착 후 기자들 앞에서 "국민께 죄송하다. 수사에 성실히 임하겠다"고 간단히 말했지만, 정치적 책임을 인정하거나 국민의 실망을 달래기엔 턱없이 부족한 발언이었습니다. 검찰은 그로부터 6일 후 구속영장을 청구했습니다. 핵심 혐의는 약 298억 원 규모의 뇌물수수였습니다. 이와 함께 정호성 전 비서관을 통해 최순실에게 유출된 47건의 기밀문서, 그리고 문화계 블랙리스트 작성 및 정부 지원 배제 지시도 주요 혐의로 포함됐죠. 3

월 31일, 박 전 대통령은 결국 체포됐습니다. 체포 장면은 밤늦게까지 생중계되며 국민적 관심을 모았습니다. 이어 두 달 뒤인 5월 23일, 그는 법정에 처음 출석했습니다. 하지만 법정에서의 태도는 무관심에 가까웠고, 책임을 인정하는 모습도 보이지 않았습니다. 그리고 2018년 4월 6일, 서울중앙지법은 박 전 대통령에게 징역 24년과 벌금 180억 원을 선고했습니다. 재판장은 "피고인은 국민의 신뢰를 저버리고 권력을 남용했다"며 그 책임을 강하게 지적했습니다. 주요 혐의 16개 중 14개는 최순실과의 공모 관계를 명확히 드러냈습니다. 법정 싸움은 이후 2021년 1월 대법원의 최종 판결이 나올 때까지 길게 이어졌습니다.

2016년 12월, 박근혜 전 대통령의 탄핵은 한국 정치의 중요한 전환점이었습니다. 박 전 대통령의 지지자들이 '태극기부대'로 재탄생한 점도 그중 하나입니다. 처음에는 이 용어가 조롱의 의미로 사용됐지만, 시간이 지나면서 그들 스스로 이 명칭을 사명감과 자부심의 상징으로 받아들였습니다. 탄핵 이전, 박 전 대통령의 지지자들은 분산된 상태였습니다. 그러나 탄핵 절차가 본격화하면서 이들은 빠르게 조직화되었죠. 탄기국은 그 시작이라고 할 수 있습니다. 이들은 전국적으로 협력 체계를 구축하고, 지역 단위로 조정된 활동을 펼치며 각자의 목소리를 하나로 모았습니다. 이러한 단결력은 태극기부대가 효과적으로 움직일 수 있는 핵심 동력이 되었습니다. 태극기부대는 또한 집회와 시위 활동을 점차 체계적으로 계획하고 실행했습니다. 집회 장소는 신중히 선택되었고, 최대한의 주목과 영향을 끌어내기 위한 전략이 세워졌죠. 이러한 전략적 접근은 이전의 비조직적인 집회들과는 차별화되었으며, 결과적으로 그들의 정치적 존재감을 한층 강화했습니다. 태극기를 통해 자신들의 정체성을 명확히 하고, 열정적으로 정치 신념을 과시했습니다. 이런 과정을 거치며 태극기집회는 단순한 맞불집회에서 벗어나, 자신들만의 정치적 위치를 구축하는 중요한 계기가 되었습니다.

5장

태극기부대, 그들은 누구인가
극우세력의 궤적

극우 조직, 태극기부대로 재편

박근혜 정부는 극우 성격의 조직들이 활동할 수 있는 공간을 만들어주었습니다. 그뿐 아니라 막대한 재정 지원을 하기도 했습니다. 심지어 청와대와의 끈도 제공했죠. 어버이연합이 짧은 시간에 정치 전면에 부상할 수 있었던 이유입니다. 그랬던 박근혜가 없어졌으니 극우 조직의 미래는 불투명해 보였습니다. 정치적 구심점도 없어지고, 재정적 어려움도 커질 테니 크게 약화되리라는 전망이 많았습니다. 하지만 현실은 달랐습니다. 아니, 오히려 정반대였죠. 극우 활동가들은 탄핵 이후에도 살아남았을 뿐만 아니라, 더욱 조직화한 모습으로 대중의 시선을 끌었습니다. 이들은 이제 '태극기부대'라는 이름으로 재편됐습니다. 박 전 대통령에 대한 충성심은 오히려 더 커진 듯했습니다. '태극기집회'도 매주 토요일에 열리며 꾸준히 수백에서 1000여 명의 참가자를 모았죠. 메시지도 더 과감해졌습니다. 박 전 대통령의 석방을 요구하는 데 그치지 않고, 새 정부를 향한 강도 높은 비판과 반대 목소리를 내기 시작했습니다.

"김정은의 나팔수 TV를 끄면, 가족이 보이고 세상이 보입니다" "김성태, 김무성, 유승민 퇴출" "민노총이 없어져야 나라가 산다"(2019년 1월 26일).

"종선 선언은 공산화로 가는 길" "Mr. President Trump! We want regime change of North Korea to save 70 million Koreans" "문재인을 특검하라"(2019년 2월 23일).

"공산적화가 진행되고 있습니다"(2019년 3월 1일).

"조국을 구속하라"(2019년 10월 3일).

이들은 어느새 반정부세력으로 불렸죠.

참가 집단도 참 다양해졌습니다. 고교연합비상대책위원회, 나라지킴이고교연합, 대학연합구국동지회, 대한애국동지회, 대한민국애국단체총연합처럼 비교적 잘 알려진 조직이 있는가 하면, 덜 알려진 이름도 많았습니다. 거창애국시민총연합회, 구국총연합민병단, 대한애국당, 대한민국정상화국민운동본부, 목련회, 진실을추구하는사람들의모임, 자유호국총연맹, 전국우파시민연대, 파주시나라사랑어머니회, 파주시태극기동지회…… 이처럼 작은 조직부터 큰 단체까지 그 숫자와 종류는 셀 수 없을 정도였습니다.

한국사회에서는 좀처럼 보기 힘든, 특이한 상황이 펼쳐진 셈입니다. 그동안 본 적 없는 세력들이 등장해 박근혜의 탄핵에 반대하더니, 이제는 그 탄핵을 이끈 문재인 정부를 비난하고 나선 겁니다. 게다가 단순한 개인의 움직임도 아니고, 조직적으로 이루어진 정치적 활동이었죠. 한국사회는 적잖이 당황했습니다. 이 장에서는 2017년 박근혜 전 대통령의 탄핵 이후 극우세력이 보여준 예기치 못한 궤적을 돌아보겠습니다.

태극기부대의 여러 모습들

탄핵 이후, 태극기세력은 새로운 국면을 맞이했습니다. 2017년 2월 18일, 이들은 '대통령탄핵무효국민저항본부'라는 이름 아래 다시 조직되었죠. 새로운 지도부의 주도로 극우세력은 주말마다 대한문과 서울역 등 주요 도심에서 집회를 이어갔습니다. 하지만 이런 결속은 오래가지 못했습니다. 내부 갈등과 파벌 싸움으로 분열되었죠. 분열의 주요 원인은 2017년 대선을 둘러싼 견해차였습니다. 한쪽에서는 대선을 반대했습니다. 이들은 박근혜 탄핵이 무효이니, 이후 치러지는 대선도 무효라고 지적했습니다. 그러니 대선 참여는 말도 안 되는 소리였죠. 대선 참여는 탄핵을 정당화하고, 이를 돌이킬 수 없게 만들 것이라며 반대했습니다. 그러나 국민저항본부는 대선 참여를 결정하며, 당시 여당이던 (탄핵 사태 당시 새누리당에서 이름을 바꾼) 자유한국당과는 별개의 '새누리당'을 창당했죠.

대선에 나선 쪽에서도 갈등이 터져 나왔습니다. 대선

후보를 두고 긴장이 높아졌습니다. 그러다 조원진 의원이 새누리당 후보로 선출되며 문제가 수위로 떠올랐죠. 조원진이 친박이기는 하지만, 제도권 정치인으로 태극기세력과는 결이 달랐습니다. 그나마 성공했더라면 봉합될 수도 있었겠지만, 조원진 후보는 0.13%라는 처참한 득표율에 그쳤습니다. 당으로서도 참담할 수밖에요. 이후 선거자금 유용 의혹이 불거지며 검찰 조사가 시작됐고, 결국 그는 당에서 제명되었습니다. 조 전 의원은 이에 굴하지 않았습니다. 대한애국당을 창당하며 자기 세력을 형성했습니다. 태극기세력은 잠시 이루었던 단일대오를 잃었습니다.

그런데도 태극기세력은 토요일 집회를 이어갔습니다. 대부분 서울 시내에서 모였죠. 각자의 자리에서 매주 토요일 오후 비슷한 시간에 집회를 이어갔습니다. 때로는 함께 하기도 하며 발을 맞춰갔죠. 이들을 하나로 모은 것은 문재인 대통령이었습니다. 정확히 말하면 문재인 정부에 대한 반발이었습니다. 모든 집회의 메시지는 매한가지였습니다. 반정부 구호와 박근혜를 석방하라는 것이었죠. 서울 시내 토요일 오후 분주했던 이들을 살펴보겠습니다.

대한애국당(현 우리공화당)

서울역 광장은 대한애국당 차지였습니다. 토요일 이른

오후에 서울역에 내려 시내 쪽으로 나오면 광장을 가득 메운 이들을 볼 수 있었죠. 대한애국당은 대선에서 실패했지만, 태극기집회에서 중심적 역할을 차지하며 존재감을 드러냈습니다. 이들은 박근혜 전 대통령의 석방을 요구하며 지지층 결집에 집중하는 '천만인무죄석방본부'도 만들었습니다. 덕분에 매주 토요일, 서울역 광장에서 열리는 집회는 꾸준히 1000여 명의 참가자를 끌어모으며 지속되었죠. 집회 풍경은 매주 비슷했습니다. 아침부터 집회 준비로 분주합니다. 책상들이 놓이고, 참가자들은 팸플릿과 간단한 다과를 준비합니다. 태극기를 든 사람들이 하나둘 나타나죠. 삼삼오오 모여 자리 잡고, 담소도 나눕니다. 집회 참가자 외에 보수 집단도 자연스럽게 근처에 모여들죠. 1시쯤 시작되는 집회는 연사들의 발언으로 채워집니다. 주제는 박 전 대통령의 탄핵 무효와 정부, 정당에 대한 비판, 그리고 여러 정책에 대한 반대로 이어집니다. 한두 시간이 흐르면, 마지막에 조원진 대표가 마무리 연설을 합니다.

　이제 행진 시간입니다. 수백에서 1000여 명에 달하는 군중이 서울역을 출발해 남대문을 지나 광화문까지 이어지는 코스를 걸으며 구호를 외치죠. "박근혜를 청와대로, 문재인을 감옥으로"라는 외침과 함께 군가를 비롯한 음악이 선도 차량에서 흘러나옵니다. 이들의 행진에서 가장 눈에 띄는 건 깃발입니다. 태극기와 성조기가 대표적이죠. 작은 깃발을 손에 들고 흔드는 사람도 있지만, 태극기와 성조기를 망토처럼 두르거나, 두 깃발을 이어 붙여 몸에 감싼 모습도 쉽게 볼 수 있습니다. 초대형 태극기와 성조기는 행진의 선두를 장식하고, 대한애국당 깃발도 항상 함께합니다. 이뿐만 아니라, 이들과 연대하는 다양한 집단의 깃발도 행진에 동참합니다. 이스라엘 국기도 보이죠. 깃발들이 바람에 펄럭이는 모습을 보고 있으면, 마치 1980년대 대학 캠퍼스의 집회를 떠올리게 합니다.

대한애국당은 이런 집회를 매주 열었습니다. 2017년 봄, 새 정부가 들어서고 박근혜의 재판이 진행됐지만, 이들은 멈추지 않았습니다. 유죄 판결이 내려져도 계속 집회를 이어나갔죠. 이들의 태극기집회는 2019년 8월 3일까지 136회에 달할 정도로 지속적이었습니다. 나중에 더 자세히 다룰 텐데, 이렇게까지 집회를 열 수 있었던 건 우연이 아니었습니다. 일부에서는 참가자들의 나이나 정신건강 등을 이유로 비웃었지만, 다른 시위들처럼 철저한 계획과 실행력으로 시위를 이어나갔습니다. 대한애국당이라는 정당 조직의 힘이 그 기본이었죠. 정당 웹사이트에는 집회 공지가 올라가고, 카톡 등을 통해 정보와 격려가 널리 퍼졌습니다. 연단, 스피커, 화면 등 시위에 필요한 장비에 쓰이는 비용도 정당이 댔습니다. 이뿐만이 아닙니다. 집회는 다양한 자원봉사 단위의 체계적인 조직 아래 운영됐죠. 일부 자원봉사자들은 참가자들에게 무료 커피와 물을 제공했고, 다른 이들은 서명운동이나 당원 모집을 도왔습니다. 교회 봉사대나 선교회처럼, 이들 사이에도 소규모 조직이 있었습니다. 예를 들어 '능소화부대'는 행진하는 군중의 뒤를 담당했습니다. 박근혜 전 대통령이 좋아했던 능소화에서 이름을 따왔죠. 이들은 주황색 조끼와 팻말로 자신들을 구별했습니다. 한 멤버에 따르면, 능소화부대는 물리적 충돌에 대비한 특수부대 역할을 자임했다고 합니다.

2020년 3월, 대한애국당에서 우리공화당으로 당명을 바꾼 이들은 김문수의 자유통일당과 합당하면서 자유공화당원이 됐습니다. 이 과정에서 서청원 무소속 의원도 합류했죠. 하지만 한 달도 되지 않아 공동대표였던 김문수가 이탈하며 자유공화당은 다시 분열됐습니다. 결국 당명은 다시 우리공화당으로 환원됐고요. 같은 해 치러진 총선에서 우리공화당은 후보를 냈지만, 단 한 명도 당선되지 못했습니다. 특히, 2008년 총선에서 대구 달서구병에서 당선된 이후 3선을 이어갔던 조원진도 4선 도전에 실패했죠. 2024년 총선에서도 상황은 크게 달라지지 않았습니다. 선출직을 연이어 배출하지 못하면서 정당으로서의 정치적 입지는 점점 약해졌습니다.

그렇다고 이들이 멈춘 건 아닙니다. 선거로 돌파구를 찾기 어려워질수록 거리 정치에 집중할 수밖에 없는 상황이었죠. 거리에서 이들의 집회 과정을 보고 있으면, 마치 조원진이 당장 대통령이라도 될 것 같은 분위기가 느껴졌습니다. 바로 그 분위기가 이들을 움직이는 원동력이었습니다. 이런 분위기는 참석자들에게 자신감을 심어주고, 그 자신감이 다시 집회의 에너지를 유지하는 선순환을 만들었습니다. 조원진을 비롯한 당 지도부에게도 거리 정치는 정치적 생명력을 유지하는 중요한 수단이었습니다. 동시에, 언젠가 제도권 정치로 복귀할 발판이기도 했죠. 우리공화당 김태수 최고위원은 2020년 당 최고위원회의에서 그런 정치적 포부를 밝히기도 했습니다. 거리 활동을 통해 사회에 "태극기 단체라는 인식을 [시켰다]. …… 그다음 우리공화당이라는 인식을 시키고 있다. …… 그다음이 수권정당, 원내정당이 되지 않나 싶습니다"라고 말했습니다. 김문수는 이런 길을 거쳐 2024년 윤석열 정부의 고용노동부 장관이 됐고, 2025년 국민의힘 대선 후보가 됐습니다.

사랑제일교회

서울역에서 조금 시내로 나와봅니다. 동화면세점 앞에

모인 사람들은 전광훈 목사와 사랑제일교회가 이끄는 무리입니다. 이들은 태극기세력의 존재감과 영향력을 유지하는 데 중요한 역할을 했죠. 전 목사의 정치적 영향력은 박근혜 대통령 탄핵 사태 당시에는 그리 크지 않았습니다. 하지만 문재인 대통령이 취임한 이후 확대되었죠. 전 목사는 설교와 집회를 통해 문재인 대통령을 강하게 비판했습니다. 2019년 청와대 앞 반정부 집회 발언이 대표적입니다. 그는 "문재인은 …… 하나님이 폐기 처분했어요"라며 문 대통령을 비난하다 "하나님, 까불면 나한테 죽어"라고 말했습니다. 보수 교단뿐만 아니라 태극기세력 안에서도 극단적 발언에 해당됐죠. 하지만 이런 말조차 약과에 불과했습니다. 그는 문 대통령의 탄핵을 주장하며, 그를 '북한의 스파이'라는 등 막말을 쏟아냈습니다. "문재인 대통령 속에는 간첩 사상이 있다"(2020년 12월), "문재인은 계속하여 대한민국을 해체하고 북한의 김정은에게 갖다 바친다"(2020년 2월), "저 김정은의 하수인이며 대한민국 간첩의 총지휘자인 문재인은 더 이상 우리는 용서할 수 없습니다"(2019년 10월 25일).

코로나19 팬데믹 기간에 전광훈 목사는 극우의 지도자로 부상했습니다. 당시 문재인 정부는 사람들의 움직임을 제한하는 '사회적 거리두기'를 통해 팬데믹에 대응했죠. 바이러스 확산을 막는 데는 효과적이었지만, 경제적 손실이 컸습니다. 불만이 생길 수밖에 없는 상황이었고, 전 목사는 이를 정치적으로 활용했습니다. 그는 방역 조치의 효과를 부정하며 코로나19가 실외 전파는 불가능하다고 주장했죠. 나아가 방역 규정을 무시하고 2020년 광복절에 대규모 집회를 강행했습니다. 약 5만 명이 모인 이 집회는 큰 우려를 낳았습니다. 바이러스 확산 위험은 물론이고, 정부 방역 대책에 정면으로 도전한 것이기도 했죠. 실제로 집회 이후 다수의 참석자가 코로나바이러스 양성 판정을 받았습니다. 전광훈 목사 본인도 감염된 건 물론이고요. 하지만 그는 "난 지금도 양성이란 게 안 믿어진다. 증상도 없고 난 멀쩡하다"며 방역 대책을 비판했습니다. "코로나19는 쉬고 약 먹으면 집에서 낫는데, 이걸 정치가들이 이용한다"고 말하기도 했죠. 심지어 그는 교회에서의 집단 감염을 '바이러스 테러'라고 주장했습니다. 전 목사는 "우리 교회에서 한 번에 확진자가 250명이 됐다. 도저히 받아들일 수 없는 상황이고, 바이러스 테러가 왔다고 생각했다"며 "심증은 있지만 물증은 없다. [정부가] 계획적으로 한 것"이라고 말했습니다. 이런 주장은 거리 정치의 동력을 강화하는 계기가 됐습니다.

일파만파

동화면세점에서 서울시의회 쪽으로 몇 걸음만 옮기면

또 다른 무리가 있습니다. 바로 '일파만파애국자총연합'입니다. 2018년 7월에 설립됐죠. 이들의 문건에는 이런 글귀가 적혀 있었습니다. "북한은 …… 한미 간을 이간질하여 대한민국의 공산화를 더욱 가속화하고 있습니다. [문재인] 정부는 남한에 암약 중인 종북좌파들과 연계하여 외부적 혁명이 아닌 내부적 전복을 꾀하고 있습니다. 현 정부의 좌파세력들이 종선 선언과 평화협정을 밀어붙여 …… 주한미군 철수를 기정사실로 하려는 것입니다. …… 원하지 않는 사회주의로 갈 수 있습니다. …… 대한민국이 중국과 북한의 영향권에 의하여 통치받게 될 수 있습니다." 즉 반북, 친미 등 태극기부대의 전형적인 주장을 되풀이하고 있는 거죠.

일파만파는 처음엔 동화면세점 앞에서 집회를 열었지만, 이후 서울시의회 앞으로 장소를 옮겼습니다. 2020년 코로나19 팬데믹 확산 초기 서울시의 금지 처분에도 집회를 강행해서 세상을 떠들썩하게 하기도 했습니다. 당시 대표였던 김수열은 이 일로 유죄 판결을 받기도 했죠. 태극기세력 안에서도 이들은 좀 특이합니다. 한마디로 군 색채가 짙죠. 전직 군 간부들이 주도합니다. 초대 대표인 김수열도 육군사관학교 33기 졸업생입니다. 그러니 집회 모습도 남다릅니다. 일파만파의 집회는 멀리서도 한눈에 알 수 있습니다. 육군사관학교 몇 기 몇 기, 해군사관학교 몇 기 몇 기 등 자신들의 군대 정체성을 과시하는 깃발이 수도 없이 펄럭입니다. 군복을 입은 참가자들은 웃으며 거수경례로 인사합니다. 얼핏 보면, 무슨 군 관계자들의 친목 모임처럼 보이죠.

일파만파는 그 이름처럼 정치적 의지와 신념이 뚜렷한 단체입니다. 현재 대표를 맡고 있는 박천진은 이러한 점을 분명히 드러냈죠. 그는 조직의 이념적 기초를 강조하며, 자신들의 투쟁이 단순한 정치적 반발을 넘어서 우파 이념의 정치적 지형을 넓히는 데 목적이 있다고 주장했습니다. 박 대표는 현재 한국 정치가 좌우의 극단적 대립으로 나뉜 상황에서 중도층이 차지하는 비율은 극히 적다고 지적했습니다. 그는 이 양극단 사이에 있는 소수의 중도층을 설득하고, 그들의 지지를 얻는 것을 조직의 주요 목표로 삼았습니다. 이는 단순히 박근혜 전 대통령의 운명에 매달리는 것을 넘어, 한국 보수의 미래를 설계하고자 하는 포괄적 비전을 반영하죠. 그는 또한 박근혜를 기소했던 윤석열 대통령의 급부상에 놀라거나 부정적으로 보지 않았습니다. 윤석열이 대통령이 되고, 탄핵당한 이후인 시점에서 이런 시각은 자연스럽게 보입니다. 하지만 당시는 그렇지 않았습니다. 윤석열이 박근혜를 탄핵하는 데 주요 역할을 했기에 비판과 욕설을 퍼붓는 이도 많았습니다. 그런 면에서 박 대표는 정치적 셈이 빨랐던 셈이죠. 그는 윤석열이 문재인 정부에서 검찰총장을 지냈음에도 그의 보수적 정책들을 적극적으로 지지했습니다. 박 대표는 윤석열 정부가 더 강력하고 분명한 보수 노선을 구축하길 희망하며, 이러한 정치적 방향성을 적극적으로 지지한다고 밝혔습니다. 일파만파의 활동과 박천진 대표의 발언은 단체의 방향성을 보여줍니다. 이들은 단순히 과거를 회고하거나 특정 인물에게 의존하는 것이 아니라, 보수 정치의 새로운 지평을 열겠다는 의지를 내세우고 있었습니다.

태극기혁명국민운동본부

2017년 대통령 선거를 둘러싸고 태극기세력이 분열한 이후, 태극기혁명국민운동본부(국본)라는 새로운 조직이 등장했습니다. 이들은 덕수궁 앞을 집회의 중심지로 삼아 주말마다 집회를 이어갔습니다. 매주, 꾸준히 태극기를 흔들며 목소리를 높였죠. 이들은 자신들을 저항본부와 탄기국의 정통 후계자라고 주장합니다. 그리고 이런 자부심은 이름에만 있지 않습니다. 그들이 주장하듯, 매주 울려 퍼지는 구호, 인터뷰에서 전달되는 메시지는 모두 한 방향을 가리켰습니다. 바로 박근혜죠. 한 회원은 "다른 조직들이 정치적 의제를 가지는 건 자유지만, 우리는 오로지 박근혜 대통령만을 위해 싸운다"고 단호히 말했습니다. 2017년 이들이 대선 참여를 반대한 것도 이런 맥락에서 해석할 수 있습니다. 그 누가 당선돼도, 아무리 친박 인사가 대통령이 돼도, 그 순간 박근혜는 대통령이 아니게 되는 셈이니까요.

박근혜를 위해 헌신하겠다는 결의는 곧 행동으로도 이어졌습니다. 이들은 석방된 박근혜를 매달 방문했습니다. 정치에서 거리를 둔 박근혜가 지속적으로 이들과의 만남을 거부했는데도 말이죠. 이런 방문은 단순한 지지 표명이 아니라, 그들 스스로가 지키고자 한 태극기 운동의 원칙을 상징적으로 보여주는 행위였습니다. 박근혜라는 개인에 대한 애정뿐만 아니라, 그 이름으로 대표되는 그들의 이상과 정체성을 지속적으로 되새기는 의식과도 같았죠. 이들은 자신들의 활동이 박근혜를 넘어선, 더 큰 우파의 정체성을 확립하는 과정이라고 믿고 있었습니다.

활동가들-서울역 앞 노년 여성

서울역 앞에서 만난 한 노년 여성은 그 모습도, 목소리도 평범했지만, 그 안에 담긴 감정이 깊은 인상을 남겼습니다. 그는 연사도, 활동가도 아닌 그저 집회에 참석한 평범한 시민이었죠. 비슷한 연배의 다른 노년 여성과 나란히 앉아 있던 그는 인터뷰 요청에 수줍게 고개를 끄덕였습니다. 작은 체구에 조용한 목소리, 따뜻한 미소를 지으며 인터뷰에

응했죠. 처음엔 그 모습 그대로였습니다. 하지만 박근혜 전 대통령의 억울함을 호소하기 시작하면서 미소는 사라지고, 조용했던 목소리는 점차 분노로 떨리기 시작했습니다. "박근혜가 너무 불쌍하다. 내가 뭐라도 해야 한다. 하지만 뭘 할 수 있겠나." 이렇게 말하며 잠시 말을 멈추더니 고개를 숙였습니다. 그러고는 진지한 얼굴로 이렇게 말했죠. "내가 할 수 있다면, 박근혜 대통령을 저렇게 만든 사람을 죽이고 싶다."

처음 보았던 미소와 작은 체구에서 이런 말이 나올 줄은 상상도 하지 못했기에 순간적으로 놀랐습니다. 그의 얼굴에는 조금의 망설임도 보이지 않았습니다. 바로 그 순간만큼은 진심으로 느껴졌죠. 하지만 곧 연단에서 연설이 시작되자 인터뷰는 끝났고, 그를 다시 만날 기회는 없었습니다. 그 후 생각을 바꿨을지, 혹은 그 말대로 마음을 다해 활동을 이어갔는지는 알 수 없습니다. 다만 그 순간 그의 진지한 태도는 아직도 기억에 남습니다. 그런 감정으로 그를 이끈 배경에는 왜곡된 언론, 정치인의 선동 같은 요인이 있었을 겁니다. 이 점은 곧 살펴볼 것입니다. 하지만 분명한 것은, 그가 단순히 정신이 나갔거나 비이성적인 상태에서 그런 말을 한 것은 아니었다는 겁니다.

활동가들-문재인 전 대통령 사저 앞 노년 남성

문재인 대통령이 임기를 마치고 양산 사저로 내려가자, 태극기부대가 그곳으로 몰려들었습니다. 시위를 벌이고, 소음을 내며 마을 일대를 혼란에 빠뜨렸죠. 그들 때문에 인근 주민들은 큰 고생을 했습니다. 양산 사저는 논밭이 보이는 좁은 시골길 끝에 자리하고 있습니다. 밭을 가로지르는 그 작은 길을 따라 올라가면 사저가 보이죠. 그 좁은 길목에 태극기 시위대가 잔뜩 몰려온 겁니다.

주말이면 많은 사람들로 북적댔고, 평일에도 몇몇은 자리를 지켰습니다. 그중 한 명은 매일 트럭을 몰고 나왔습니다. 그의 트럭은 정치 구호가 적힌 현수막과 깃발, 그리고 커다란 스피커로 뒤덮여 있었습니다. 힘들지 않느냐는 물음에 그는 고개를 끄덕였습니다. 실제로 지쳐 보였죠. 매일 그렇게 나와 온 동네가 떠나갈 만큼 크게 노래를 틀고 큰소리로 욕설을 퍼붓는 일이 쉬울 리 없겠죠. 마을 사람들이 소음에 고생할 정도니 바로 옆에 있는 본인은 얼마나 귀가 아팠을까요. 그는 자신의 모든 것을 잃었다고 했습니다. 돈과 사업을 잃었고, 가족도 떠났다고 했습니다. 건강도 좋지 않다며, 이제 자기에게 남은 것은 이 트럭 하나뿐이라고 말했죠. 하지만 그는 멈출 수 없다고 했습니다. 문재인 전 대통령을 처단할 때까지 이 일을 이어가겠다고 했습니다. 이를 위해 옛 군대 친구들과 정치 조직도 만들었다고 덧붙였습니다.

원래 사업을 하던 그는 박근혜가 탄핵되자 활동을 시작했다고 했습니다. 이래서는 안 되겠다는 생각이 들었다고 했죠. 그는 월남한 부모님 슬하에서 자랐기에 공산당의 실체를 잘 안다고 주장했습니다. 빨갱이들은 거짓말을 잘하고, 공짜를 좋아한다고 비난했죠. 그러면서 그런 북한을 도와주는 문재인 정부를 강하게 비판했습니다. 문재인이 간첩이라는 확신도 있다고 했습니다. 그는 문재인 정부가 북한을 도와줄 뿐만 아니라 국가기밀까지 넘긴다고 믿었습니다. 또한 한국의 정통성은 이승만 대통령에게서 시작된 것이라며, 문재인 정부는 정통성이 없다고 주장했습니다. 문재인 정부의 탈원전 정책에도 분노를 표했습니다.

그와의 인터뷰 시간은 그리 길지 않았습니다. 인터뷰하는 동안에도 다른 태극기 운동가들과 끊임없이 연락을 주고받으며 분주하게 움직였습니다. 마침, 한 방송국에서 그를 인터뷰하기도 했습니다. 그의 지친 모습과 비장한 말투는, 그가 이 활동에 얼마나 많은 것을 쏟아붓고 있는지를 보여주는 듯했습니다. 그러나 그의 바람과는 달리 그는 시위를 오래 이어가지 못했습니다. 얼마 지나지 않아 문재인 전 대통령의 비서실 직원을 협박한 혐의로 체포됐기 때문이죠.

6장

한국 극우의 사상
변하지 않는 그들만의 신념

친박의 태극기세력이 분열되긴 했지만, 극우세력에는 공통점이 있습니다. 그래서 이들을 하나로 묶어 '태극기부대'라고 부르는 것이죠. 그 중심에는 정치적 이념이 있습니다. 이 장에서는 태극기부대를 구성하는 주요 단체들, 집회 참석자들, 그리고 그 지지자들이 공유하는 정치 이념을 살펴보겠습니다.

박씨 가문

태극기부대를 결속시키는 가장 근본적인 정치적 신념은, 어찌 보면 당연하겠지만, 박씨 가문에 대한 절대적 존경심입니다. 태극기부대로 불리는 이들의 정치적 시작이 박근혜 탄핵 정국이었던 만큼 박근혜를 향한 굳은 신념은 이들을 묶는 가장 강력한 자석과도 같은 것이었죠. 박근혜에 대한 충성은 박정희를 향한 거의 종교적 헌신과도 연결됩니다. 이들에게 박근혜는 곧 박정희이고, 박정희가 곧 박근혜입니다. 태극기부대는 박정희를 국가 지도자로 추앙하며, 그의 업적을 대한민국 산업화의 기적, 즉 '한강의 기적'을 이끈 핵심으로 여깁니다. 또한 박정희의 반공 정책과 한미동맹 강화 노력도 높이 평가하죠. 한마디로 박정희가 대한민국을 만들었다고 주장합니다. 박정희 리더십의 대표적 사례로 자주 언급되는 것이 바로 1970년 단 2년 만에 완공된 경부고속도로입니다. 이 프로젝트는 초기에는 필요성과 수요를 둘러싼 의구심에 부딪혔지만, 박정희는 결정을 굽히지 않았습니다. 결국 경부고속도로는 서울과 부산, 즉 대한민국의 산업화를 이끄는 주요 물류 통로가 되었죠. 태극기부대는 이 프로젝트를 박정희의 통찰력과 탁월한 지도력을 보여주는 상징으로 간주합니다. 게다가 이러한 자질이 오늘날의 지도자들에게는 부족하다고 비판하고 한탄합니다.

박씨 가문에 대한 헌신과 충성은 태극기부대가 모이는 곳곳에서 쉽게 엿볼 수 있습니다. 집회 현장에는 박정희와 박근혜의 초상이 담긴 포스터, 소책자, 깃발, 기념품들이 곳곳에 널려 있죠. 특히 박정희가 검은색 빅토리아풍 턱시도를 입고 기품을 뽐내는 모습의 이미지가 많이 보입니다. 그가 농민들과 함께 막걸리를 나눠 마시는 모습이나, 공장에서 기계를 점검하는 장면도 자주 등장합니다. 이러한 이미지는 박정희가 국민과 함께 호흡한 소탈하고 인간적인 면모를 지닌 지도자였음을 강조하죠. 당연히 박근혜의 사진도 많습니다. 특히 거수경례하는 모습이 두드러지는데, 이는 군 통수권자이자 공산주의와 싸우는 장군으로서의 이미지를 강화합니다. 육영수 여사 초상화도 쉽게 볼 수 있습니다. 박씨 일가의 초상화 말고도 이들을 떠올릴 수 있는 시각적 상징이 더 있습니다. 바로 새마을운동입니다. 태극기집회가 열리는 어디서나 흔히 볼 수 있죠. 많은 집회 참석자가 새마을운동 모자를 쓰고 돌아다닙니다. 새마을운동 깃발을 어깨에 메고 다니는 이들도 많습니다. 그 깃발을 가운처럼 두른 사람, 새마을운동 핀을 가슴에 꽂고 있는 사람도 있습니다. 연단에 오른 연사들은 새마을운동을 찬미하곤 합니다. 새마을운동을 홍보하기도 합니다. 얼핏 보면, 타임머신을 타고 1970년대로 돌아간 듯한 착각도 들죠.

박정희의 탄생일인 11월 14일은 태극기부대의 축제 날입니다. 전국 곳곳에서 크고 작은 기념행사가 이어집니다. 구미에 있는 그의 생가는 사람들로 북적이죠. 그리 넓지도 않은 터와 그 앞 공간이 지지자들로 꽉 찹니다. 전세 버스에서 사람들이 계속 내립니다. "조금만 더 오래 살아주셨더라면" 하는 안타까움, 그를 그리워하는 소리가 여전합니다. "저는 대구에 사는데 1년에 보통 한두 달에 한 번씩 꼭 오거든요. 오늘은 새벽 6시 버스 타고 왔습니다. 그분은 나라에 다시없는 분이고, 신이잖아요. 저는 집에서도 빈소 모셔놓고 있습니다"(2012년 95회 탄신제 참석자). "피와 땀을 마을과 조국에 헌신하신 반인반신의 지도자는 이제 위대한 업적으로 남아 영원히 기억되고 있습니다"(남유진 구미시장, 2012년 95회 탄신제). 박물관 방명록에는 다음과 같은 메시지들로 가득

차 있습니다. "당신을 존경해왔고, 앞으로도 영원히 존경할 것입니다" "새마을운동 정신에 헌신했습니다" "국가 발전의 상징입니다" "천국에서 이 나라를 지켜주세요" 등의 문구들 말이죠. 생가 바로 옆에 서 있는 박정희의 동상은 사진 찍기 좋은 장소입니다. 삼삼오오 모여 사진 찍기에 바쁘죠. 많은 정치인도 보수 측 눈도장을 찍기 위해 모여듭니다.*

육영수 여사의 탄생일 때도 비슷합니다. 고향인 충북 옥천에서는 매년 11월 29일이면 '숭모제' 행사와 이어지는 보수단체 집회 등으로 온종일 시끄럽습니다. 2017년 문재인 정부 첫해에는 300여 명이 육영수의 생가 앞에서 집회를 열었습니다. 그들은 정치 보복 중단과 박 전 대통령의 석방을 요구했죠. 박근령 전 육영재단 이사장과 그의 남편 신

---

* 윤석열도 그중 한 명이었습니다. 2021년 9월 국민의힘 대선 경선 후보로서 생가를 방문했죠. 그런데 입구에 대기하고 있던 우리공화당 지지자들이 그가 생가에 들어가는 것을 막으며 거세게 항의했습니다. 그들은 "윤석열, 너가 여기 올 자격이 있냐" "사과하라" "오지 말라" "어딜 들어가냐. 막아야 한다"는 등의 고성을 지르며 윤석열을 온몸으로 막았습니다. 박근혜 전 대통령을 구속한 장본인이 박정희 생가를 참배하는 게 말이 되냐면서요. 난장판 끝에 윤석열은 방명록도 쓰지 못한 채, 간단한 참배 후 급히 떠날 수밖에 없었습니다. 2025년 대선에 나온 국민의힘 김문수 후보도 이곳을 방문해, 방명록에 "박정희 대통령, 세계 최고의 산업혁명가"라고 적었습니다. 그리고 "박근혜 전 대통령의 명예는 반드시 회복돼야 한다"고 강조했죠.

동욱 공화당 총재, 조원진 대한애국당 공동대표 등이 참가해 정치 열기를 높였습니다.

박씨 일가에 대한 이들의 헌신은 우연이 아닙니다. 비뚤어진 현대사의 일부이자, 박정희 정권이 설계한 정치적 산물이죠. 박정희 정권은 국민의 '정신 개조'에 심혈을 기울였습니다. 이들은 '번영하고 단결된 국가의 자랑스러운 구성원'으로서의 '국민'을 강조했습니다. 새마을운동의 깃발이 온 나라를 뒤덮었고, 〈잘살아보세〉라는 노래가 늘 울려 퍼졌죠. 조국 근대화와 경제발전은 "민족중흥의 역사적 사명"으로 강조되었고, 이는 '북한과의 경쟁에서 승리하는 것'으로 규정되었습니다. "싸우면서 일하고, 일하면서 싸우자" "총력 수출" 같은 슬로건이 나부꼈고, 안보와 경제는 하나로 묶였습니다. 이 싸움의 대장은 박정희였고, 그를 영웅시하는 것은 자연스러웠습니다. 나라의 발전과 그의 리더십이 곧 하나로 여겨졌으니까요. 새마을운동 교육, 새마음운동 등 국민 사상 교육은 전국적으로 퍼져나갔습니다. 텔레비전, 신문, 영화관, 학교 등 국민의 눈과 귀가 닿는 모든 곳에서 박정희와 그가 만든 체제에 대한 찬양이 끊임없이 반복되었죠.

경제발전이 이루어지면서, 많은 이들이 스스로를 변화의 역군으로 여겼습니다. '민족중흥'에 기여했다는 의식은 그들의 자아 형성과 자존감에 주요 부분일 수밖에 없죠. 태극기부대에서 특히 뚜렷하게 나타납니다. 이들은 가난과 긴 노동시간을 견뎌내며 나라를 변화시켰다는 자부심이 강합니다. '얼마나 고생했는지 아느냐. 그래도 우리는 똘똘 뭉쳤다. 지금 젊은이들은 모른다.' 태극기집회에 가면 늘 나오는 이야기입니다. 이런 이야기를 꺼낼 때면 얼굴에는 자부심이 가득하고, 목소리에는 힘이 실립니다. '우리가 지금의 한국을 만들었다'라는 자신감 넘치는 말이 그들의 입에서 자연스럽게 흘러나오죠. 그들에게는 젊은 시절의 고생이 단순한 고난이 아닙니다. 시간이 흐르며 그것은 영광의 이야기로 바뀌고, 자부심의 근원이 됩니다. 그리고 그러한 고난을 이끌었거나, 때로는 강요했던 지도자, 즉 박정희에 대한 존경은 결국 자신의 과거를 윤색하는 과정이기도 합니다. 그 시기는 그들의 삶과 깊이 얽혀 있으며, 자신을 바라보는 시선과도 연결되어 있죠. 그들에게 박정희는 그저 과거의 정치인이 아닙니다. 그는 자신들의 고난과 희생, 그리고 그 안에서 찾은 자아와 역사적 의미를 상징하는 존재입니다.

박근혜의 정치적 성장은 이들의 정서를 자양분 삼아 이루어졌습니다. 그들에게 익숙하고 친밀한 국가 성장의 부활이자 정치 발전의 신호탄이었습니다. 박근혜는 이런 정서를 누구보다 잘 이해했습니다. 향수를 자극하는 언행을 이어가며 지지층의 공감을 얻었죠. 육영수 여사의 올림머리 스타일을 고수했고, 자주 박정희와 육영수를 언급하며 향수를 자극했습니다. 이런 전략은 박정희 시대를 그리워하는 이들에게 큰 호응을 얻었습니다. 그 결과, 박근혜는 보수당을 재건하며 '선거의 여왕'으로 떠올랐고, 결국 대통령의 자리에까지 올랐습니다. 대통령이 된 후에는 유신헌법을 설계했던 박정희의 최측근을 자문으로 기용해 박정희표 산업화와 반공주의 의제를 적극적으로 계승했습니다. 이 모든 과정은 고령층 유권자들의 강력하고 열렬한 지지를 얻는 데 결정적이었죠.

그랬던 만큼, 박근혜의 몰락은 이들에게 깊은 상실감을 안겨주었습니다. 헌법재판소의 탄핵 결정과 그에 따른 구속은 1979년 박정희의 죽음과도 비슷하게 여겨져 태극기부대에 결정적인 영향을 끼쳤습니다. 이들에게 박근혜의 탄핵, 이어진 유죄 판결은 믿을 수 없는 것이었습니다. 좌파세력이 주도하고 주요 정당들이 실행한 정치적 음모일 뿐이었죠. 태극기부대는 탄핵 과정이 부정적이었다고 지속적으로 주장합니다. 예를 들어, 증거가 부족하다는 이유로 탄핵이 정당하지 않다고 믿었고, 최순실의 태블릿PC의 소유권을 문제 삼으며 그 기기를 통해 확보된 증거가 모두 조작되었다고 주장했습니다. 법원이나 언론에서 사실관계가 드러나고 증명됐지만, 이들에게 그것은 중요하지 않았습니다. 증거의 유무, 논리 따위도 뒷전이었죠. 박씨 가문에 대한 지지와 헌신은 이들의 정치적 신념이자 정체성의 일부이기 때문입니다. 믿음이 가득한 자리에 진실은 초라해지는 법이죠. 진실이 무엇이건 상관없습니다. 박근혜에 대한 법적 처분은 정치 공세일 뿐이고, 내 자긍심과 정체성을 흔드는 것이죠. 그런 만큼 이들의 반발과 저항은 강하고 질길 수밖에 없습니다.

권위주의 옹호와 법치주의 경시

태극기부대의 또 다른 특징은 권위주의적 성향을 보인다는 것입니다. 권위주의란 자신이 가진 권위를 내세워 통솔 대상에게 순종을 강요하는 태도를 말합니다. 다른 의견을 허용하지 않고, 오히려 이를 억압하는 특징이 있죠. 정치적으로는 권력자가 권력을 독점적으로 행사하며, 그 과정에서 제대로 된 견제와 통제가 이루어지지 않는 상태를 의미합니다. 이런 맥락에서 권위주의는 민주주의의 핵심 가치인 다양성과 협의, 견제의 원리를 부정하며, 지배와 통제 중심의 질서를 강조하는 태도와 구조라고 할 수 있습니다. 민주화가 상당히 진전된 한국에서 이는 점점 약화했습니다. 그러나 태극기부대의 구성원들은 여전히 권위주의를 옹호합니다.

우선, 태극기부대는 카리스마 있는 지도자에게 순종하려는 경향이 강하게 나타납니다. 박씨 일가에 대한 충성이 이들의 정치 성향을 상징적으로 보여주는 사례죠. 하지만 태극기부대의 이런 경향은 특정 인물에게만 국한되지 않습니다. 최근 설문조사에 따르면, 보수 성향의 응답자 다수는 정부의 지시에 따르는 것을 시민의 의무로 간주하며, 비판적 논의의 필요성을 인정하지 않는 경향을 보였습니다. 지도자의 권위에 기대는, 권위주의적 행태입니다. 이 조사는 태극기부대가 일반적 보수층에서보다 더 권위주의적임을 보여주죠. 태극기부대는 개인의 희생을 국가의 집단적 이익에 우선시하는 태도를 보이며, 이러한 성향은 전통적 보수층보다 더욱 극명하게 드러났습니다. 또한, 정부와 지도자에 대한 시민사회의 반대를 인정하거나 수용하지 않는 경향도 전통적 보수층보다 강합니다. 결국, 태극기부대는 전통적 보수층과 비교해 더욱 강렬하고 농도 짙은 권위주의를 지키고 있는 것이죠. 이런 태도가 박씨 일가로의 충성으로 이어졌다고 할 수 있습니다. 또한 이는 태극기부대의 순종 대상은 박씨 일가에게만 국한되지 않음을 암시하죠. 박정희와 박근혜를 넘어 다른 지도자에게도 그 충성은 이어지거나 확대될 수도 있는 겁니다.

권위 순응적 태도는 태극기집회에서 잘 드러납니다. 예수가 기독교인들에게 성스러운 존재이듯, 태극기부대에게 박근혜의 권위는 절대적이었죠. 어떠한 비판도 용납되지 않았고, 박근혜의 모든 결정은 성공이자 축복으로 간주되었습니다. 박근혜에 대한 비판, 유죄 결정, 그 근거 등은 '가짜 뉴스'나 '빨갱이의 음해'로 치부했습니다. 그러니 박근혜가 대통령 재임 중 내린 논란 많은 결정들은 자연히 이들에게는 빛나는 성과일 뿐이었죠. 이를 잘 보여주는 사례가 2016년 개성공단 폐쇄 결정입니다. 개성공단은 남북이 협력하여 다양한 소비재를 생산하던 경제협력 지대로, 박근혜 정부는 공단의 수익이 북한의 핵 프로그램 자금으로 사용된다는 주장을 내세우며 폐쇄를 강행했습니다. 그러나 이를 입증할 충분한 증거는 제시되지 않았고, 남한 기업들은 막대한 경제적 손실을 입었으며, 전략적 불이익도 상당했죠. 많은 사업가, 국민, 학자, 정책 전문가들, 심지어 정부 내부에서도 이 결정에 대한 반발이 있었습니다. 하지만 태극기부대는 이를 공산 정권에 맞선 박근혜의 용기 있는 승리로 여겼습니다. 그들에게 박근혜의 권위는 비판의 대상이 아닌, 무조건적인 지지와 찬양의 대상이었죠.

또 태극기부대는 법치주의를 경시하는 태도를 보였습

니다. 이는 권위주의의 핵심 요소 중 하나죠. 민주체제의 핵심은 권력을 잡은 이가 법에 따라 제한을 받고, 그 법이 권력자의 횡포를 막는 데 있습니다. 반대로, 권력자가 자기 뜻과 입맛에 맞게 법을 자의적으로 해석하거나, 필요할 경우 이를 고치거나 심지어 무시하는 것은 전형적 권위주의적 행태입니다. 태극기부대의 법치주의 경시는 그들의 활동 초기부터 두드러지게 나타났습니다. 박근혜 재임 시절, 극우 활동가들은 법과 민주주의의 기본 원칙을 정면으로 위배하는 행동을 서슴지 않았습니다. 야당의 기자회견을 방해하고, 정부에 반대하는 평화적 시위를 물리적으로 해산하며, 심지어 법정에서는 진보적 피고인과 그들의 법률 대리인을 위협하기도 했습니다. 이러한 활동은 단순한 의견 표명을 넘어선 물리적 폭력으로 이어졌습니다. 기자와 활동가는 물론, 공권력을 대표하는 경찰들까지 그 대상이 되었죠. 그러나 이들의 위법 행위에 대한 법적 처벌은 미미했습니다. 오히려 박근혜 정부는 이들에게 우호적 태도를 보이며 지지했습니다. 대표적 사례로, 2015년 청와대는 극우 활동가들을 초청하여 박근혜 대통령의 대국민 연설의 지지자로 활용했죠. 극우세력의 정치적 입지를 세워주는 이례적 조치였습니다.

법치주의 경시는 2017년 탄핵 정국에서도 자연스레 발휘되었습니다. 태극기부대는 자신들이 적으로 간주한 대상에게 물리적 충돌과 폭력으로 맞섰으며, 법적 절차와는 동떨어진 방식으로 불만을 표출했습니다. 특히, 이들은 박근혜 전 대통령의 탄핵과 수감을 정당성이 없는 조치로 간주했습니다. 몇 년이 지난 후에도 많은 태극기부대 구성원은 "박 대통령은 아무 잘못이 없었죠, 그렇죠?"라는 질문을 반복하며 자신의 믿음을 굳건히 했습니다. 이들에 따르면, 박 전 대통령은 어떠한 법도 어기지 않았고(법원의 최종 판결과는 반대), 어떠한 뇌물도 받지 않았다고 주장했습니다(역시 법원의 최종 판결과 상반). 이들은 최순실이 박 전 대통령을 정치적, 경제적으로 이용했다고 믿으며, 탄핵 판결을 단순히 잘못된 결정이라고 여겼죠. 더 나아가, 대통령이 법원보다 높은 지위를 가져야 한다고 주장하며, 법원이 그 권한을 넘어섰다고 비난했습니다. 이들에게 삼권분립 원칙은 큰 의미가 없었습니다. 대통령이 법치의 주체이자 상위 개념이라는 그들의 관점은 법원과 입법부가 대통령의 권위를 뒷받침해야 한다는 태도로 이어졌습니다. 이러한 인식은 법치주의를 훼손하는 권위주의적 사고를 보여줍니다.

　헌법재판소의 판결과 대법원의 확정 판결 등은 태극기부대에게 전혀 의미가 없었습니다. 이들은 사법부의 독립성을 인정하기는커녕, 자신들의 정치적 입장과 맞지 않는 판결을 전면적으로 거부했습니다. 법과 제도가 공정하게 운용된다는 민주주의의 기본 원칙보다 자신들이 지지하는 지도자의 권위를 우선시했던 것이죠. 이러한 태도는 문재인 정부의 정당성마저 부정하는 데까지 이어졌습니다. 문재인 대통령에 대한 그들의 적대감과 분노는 그의 임기가 끝난 후에도 사라지지 않았습니다. 2022년 문재인 전 대통령이 서울을 떠나 한적한 마을로 거처를 옮겼을 때조차, 태극기부대는 그를 쫓아가 그의 집 가까이에 진을 쳤습니다. 마을의 고요함은 시끄러운 음악과 확성기를 통한 격렬한 구호로 산산이 깨졌습니다. 이 같은 태도는 단순히 정치적 충성심의 문제를 넘어 민주주의의 근본을 위협하는 행위라고 할 수 있습니다.

반공

반공은 태극기부대의 또 다른 사상적 공통점입니다. 태극기집회에 나가보면 1970년대 멸공 집회에 와 있다는 착각이 들 정도입니다. 보통 집회의 한 부스에 김정은의 얼굴에 표적이나 X 표시가 그려진 사진을 전시합니다. 옆에는 고무공, 물풍선이 담긴 바구니가 있죠. 지나던 집회 참석자들은 욕 한마디를 하며 이를 집어 던집니다. 북한, 김정은,

주사파, 종북세력 등은 집회에서 늘 거론되는 주적입니다. 이들의 음모로 한국사회가 망가지고 있다고 주장하죠. 박근혜의 탄핵도 이들의 음모입니다. 남북화해도 이들의 음모죠. 이런 연설에 호응하는 이들은 외칩니다. "빨갱이를 때려잡자." "빨갱이는 죽여도 괜찮다." "나와라, 빨갱이 놈들아." 많은 참석자가 이런 구호가 적힌 조끼를 입거나 깃발을 들고 다닙니다. 집회에는 북한을 비난하는 피켓도, 대형 플래카드도 많이 볼 수 있습니다.

반공사상은 북한과 그 지도부뿐만 아니라 문재인 정부에 대한 적대감으로도 이어졌습니다. 태극기부대는 문 대통령을 '종북'세력과 연관된 인물로 여겼죠. 그가 북한 간첩이라는 말도 합니다. 문재인 정부의 대북 정책이 움직일 수 없는 증거죠. 문 대통령의 대북 접근법은 이명박·박근혜 정부의 그것과는 크게 달랐습니다. 2018년 평창 동계올림픽은 문재인 정부의 대북 정책이 꽃피게 된 계기였습니다. 김정은 위원장의 여동생 김여정이 한국을 방문했고, 이어 북한 예술단과 고위급 인사들의 방문이 뒤따랐습니다. 결국 이러한 일련의 과정은 2018년 9월 문 대통령이 평양에서 공개 연설을 하는 역사적 순간으로 이어졌습니다. 이에 따라 한반도의 긴장이 눈에 띄게 완화되었고, 북미관계도 개선되어 김정은과 트럼프 간의 정상회담으로 연결되었습니다. 미국을 포함해 국제적 환호와 지지가 따랐지만, 태극기부대는 반기지 않았습니다. 문재인 정부가 일으킨 화해 분위기는 북한에 대한 굴복이고 북한을 국제사회의 일원으로 인정하는 꼴이라며 분노했습니다. 북한 체제를 더욱 강화할 뿐이라고 확신했죠. 이뿐만 아니라, 이들은 문재인 정부가 북한에 실질적 지원을 퍼붓고 있다고 믿었습니다. 정부가 막대한 자금을 송금하며 사실상 핵무기 개발을 지원하고 있다고 주장했습니다. 심지어 기밀 국가 정보와 첨단 기술이 북한과 교환되고 있다고 믿었죠. 특히 2018년 DMZ에서 열린 정상회담에서 문 대통령이 김정은에게 기밀 자료가 담긴 USB를 건넸다고 주장하며, 이 장면이 녹음 없이 진행된 이유라고 분개했습니다. 게다가 전광훈 목사는 문재인 대통령이 낮은 단계의 연방제를 통해 대한민국을 해체하고, 한국은 북한에 흡수될 거라고 주장했죠.

문재인 대통령뿐 아닙니다. 태극기부대는 사회단체도 '빨갱이'로 지목해 비난했습니다. 민주노총과 전교조가 대표적이죠. 김문수 당시 자유한국당 대구 수성갑 당협위원장은 2017년 한 집회에서 "전교조가 바로 김정은 기쁨조 맞죠. 민노총이 기쁨조 맞죠"라며 강하게 비난했습니다. 이후 2020년에는 자유통일당 대표로서 "뭉치자, 싸우자. 이승만 정신 계승하고 자유 통일 이루겠다. 민주노총을 청산하고 전교조의 적폐 사상 교육을 청산하겠다. 문재인과 주사파를 청산하고 김정은을 몰아내 자유 통일을 이루겠다"고 외쳤습니다. 태극기부대는 민주노총이 기업 활동을 방해하고 시장경제를 위협한다며 '빨갱이'로 몰아붙였습니다. 전교조는 어린 학생들에게 공산주의 이념을 확산시키는 조직으로 여겨졌습니다. 이들의 가장 큰 우려는 젊은 세대의 급진화 가능성이었습니다. 학생들이 노조원 교사의 영향을 쉽게 받아들일 수 있다는 인식 때문이었죠. 가만히 놔두면 '애들이 커서 나라가 공산화가 된다, 나라의 미래가 걱정이다'라는 한탄을 수없이 들을 수 있었습니다. 진심 어린 걱정이었죠. 이는 미디어에 대한 비판으로 이어졌죠. JTBC, MBC 등의 언론사들도 비슷한 취급을 받았습니다.

반공주의는 한국 보수층의 흔한 정서입니다. 보수정당이 선거 때마다 색깔론을 내세우는 것도 이와 무관하지 않죠. 일반 보수층의 반공주의는 북한에 대한 적개심과 남한 정부의 대북 유화 정책에 대한 경계심으로 요약될 수 있습니다. 그러나 태극기부대의 반공주의는 다릅니다. 우선, 설정하는 적의 범위부터 차이가 납니다. 태극기부대는 정적 거의 모두를 친북세력으로 규정합니다. 진보 정부는 물론이고, 사회단체, 언론, 노조 등 조금이라도 진보적인 성향을 띠면 곧바로 종북 딱지를 붙입니다. 여기서 멈추지 않고, 김정은의 노리개나 간첩으로 몰아붙이며 북한과 직접 연계된 존재로 간주합니다. 적개심의 강도 또한 일반적인 보수층과는 비교가 되지 않을 정도로 강합니다. 2018년 한 연구에서는 한국 보수층 전반에 반공주의 정서가 보편적으로 자리 잡고 있음을 확인했지만, 태극기부대의 반공주의가 훨씬 극단적이라는 점을 지적했습니다. 예컨대, 북한의 재난 상황에서 이루어지는 인도적 지원은 보수 정권에서도 자주 시행되었고, 대다수 한국인이 이를 지지해왔습니다. 그러나 태극기부대는 이런 인도적 차원의 조치마저 강력히 반대합니다.

태극기부대의 반공주의는 단순히 북한과 공산주의에 대한 적대감으로만 설명되지 않습니다. 그것은 박씨 가문에 대한 강한 충성심과도 얽혀 있습니다. 이 둘은 어찌 보면 동전의 양면과도 같죠. 태극기부대는 공산주의와 종북세력을 무찌르는 싸움에서 박씨 가문이 중심에 있다고 믿습니다. 박근혜도 아버지처럼 이 싸움을 훌륭히 수행했다고 여깁니다. 북한 정권과 남한 내 친북세력, 즉 '종북세력'이 한국에 공산주의 독재정권을 세우려 했고, 박근혜 대통령은 그들의 계획을 방해하는 가장 큰 걸림돌이었다고 주장하죠. 그래서 종북세력이 탄핵을 기획해 박근혜를 제거한 것입니다. 그러니 태극기부대에게는 탄핵이 '종북세력의 음모'일 수밖에 없습니다. 탄핵은 그 자체로 부당하며, 이를 바로잡지 않으면 나라가 북한에 넘어갈 위험에 처할 것이라고 주장하는 겁니다. 그러니 이들에게 탄핵 무효는 단순한 정치적 요구가 아닙니다. 그것은 국가의 생존과 정체성을 지키기 위한 긴급한 과제입니다. 태극기부대의 이러한 믿음은 그들의 반공주의를 더욱 강렬하고 절박한 것으로 만듭니다. 이는 단순한 이념적 대립이 아니라, 그들이 바라보는 세상 질서와 한국의 미래를 위한 투쟁의 한 축인 셈이죠.

반공주의는 태극기부대에게서 가장 강렬히 나타났지만, 한국사회의 오랜 전통이기도 한 이념입니다. 국가 성립과 같이하죠. 1945년 일본의 항복과 함께 한반도는 냉전의 최전선이 되었고, 미국과 소련이 한반도를 임시로 분할 통치하기 시작했습니다. 38선 이남에서는 미국이 일본의 식민 통치를 해체하고 군정 체제를 구축했습니다. 하지만 좌파세력의 강한 저항에 직면했습니다. 미군정이 실시한 여론조사에 따르면 한국민 압도적 다수가 좌파를 지지했죠. 게다가 좌파가 주도한 정치 조직이 바닥에 쏟아진 물처럼 퍼지고 스며들었습니다. 미군정이 애초에 성공하기 힘든 조건이었습니다. 정책 실패는 어쩌면 예견된 셈이었죠. 미군정은 1946년 쌀값 통제 정책에서 실패했고, 이에 따른 사회적, 정치적 후폭풍에 헤맬 수밖에 없었습니다. 통치는 점점 힘들어졌고, 미군정의 정당성은 약해졌죠. 반면, 북한의 초기 공산 정권은 1946년 토지개혁과 같은 과감한 개혁을 통해 신속한 성과를 보였습니다. 이는 미군정의 정치적 입지를 더욱 복잡하게 만들었죠.

　미군정은 미군에 우호적이면서 행정에 경험이 있는 한국인이 필요했습니다. 이들을 등용하며 안정을 찾았죠. 문제는 이들이 일제강점기 당시 일본에 협력했다는 점이었습니다. 대중의 반발이 심했죠. 그래도 미군정이 준 동아줄을 잡은 이들은 공직에 복귀했습니다. 이들은 친일 경력을 재포장했습니다. 일본을 위해 일한 게 아니고, 공산주의에 맞서 싸운 것이라고 말이죠. 반공은 이들에게 단순한 정치 구호나 이데올로기가 아니었습니다. 자기 안위뿐 아니라 말 그대로 목숨을 지켜줄 방패인 셈이었죠. 그 방패는 냉전이 시작되던 당시 더더욱 빛날 수밖에 없었습니다. 워싱턴에게 이들은 행정의 도구일 뿐 아니라 동아시아 냉전의 전사로서 딱 안성맞춤이었으니까요. 미군정이 안정되면서 좌파 조직과 인사들은 하나둘 처단됐죠. 유력한 지도자 김구와 여운형은 암살됐습니다. 미국은 또한 프린스턴대학에서 박사학위를 받고 귀국한 강경한 반공주의자 이승만을 초대 대통령 후보로 밀었습니다. 이 덕에 해방 초기, 상대적으로 덜 알려져 있던 그가 대통령이 됐죠. 반공의 토양 위에 대한민국이라는 반공의 나무가 심어진 셈이었습니다.

반공주의는 새로 탄생한 대한민국 정체성의 핵심이 되었습니다. 북한과의 경쟁 구도도 이를 부추겼죠. '적색 공포red scare'가 대한민국을 뒤덮었습니다. 3만 명의 무고한 시민을 학살한 제주 4·3사건은 그 대표적 예입니다. 좌익의 사상 전환을 목적으로 국민보도연맹이라는 조직을 설립해 관리한 것도, 한국전쟁이 발발하자 수십만 명의 이들을 학살한 것도 이런 광기의 결과였습니다. 전쟁은 끝났어도 그 덕에 반북, 반공은 한국사회의 뼈대로 굳어버렸죠. 이러한 분위기에서, 반공주의 노선에서 조금이라도 벗어난 사람들은 곧바로 북한을 지지하는 자로 낙인찍힐 위험에 노출돼 있었습니다. '빨갱이'로 분류된 사람들은 그 진위에 상관없이 가혹한 처벌을 감내해야 했죠.

'적색 공포'는 박정희 정권에서도 이어졌습니다. 5·16 쿠데타 이후, "반공을 국시의 제일의第一義"로 삼은 군사정부는 이를 국가 운영의 최우선 과제로 삼았습니다. 쿠데타 초기 며칠 동안 약 4000명의 민간인을 공산주의자로 몰아 구금하며 강력한 반공 메시지를 전달했죠. 박정희 정권은 반공주의를 사회 전반에 확산시키며 대한민국을 하나의 거대한 반공 캠프로 만들었습니다. 1968년에는 예비군을 창설했고, 1969년에는 고등학교 교과과정에 군사훈련을 추가했습니다. 1975년에는 학도호국단이라는 준군사조직을 만들어 학생들의 군사훈련을 강화했죠. 또한 모든 성인에게 이름, 주민등록번호, 주소, 지문, 사진 등이 담긴 주민등록증을 반드시 소지하게 했습니다. 학생들은 학교에서 반공 포스터를 그리고, 군가를 부르며, 반공 집회에 참석해야 했습니다. 때로는 간첩단 사건이나 북한 특수부대의 남침 시도 뉴스가 보도되며 국민 불안을 끊임없이 자극했죠. 전두환 정권도 이와 유사한 반공 노선을 이어갔습니다. 반공은 단순한 이념이 아니라, 국민의 일상에 깊이 뿌리내린 통치 도구였던 셈이죠.

한국사회의 현재 노년층은 반공주의의 영향을 강하게 받았습니다. 2025년 기준 60대는 박정희 시대에 태어나고 자랐으며, 70대는 성년기 대부분을 박정희 시대와 함께했고, 80대는 한국전쟁과 그 후의 고난을 기억하고 있습니다. 권위주의 정권의 정치 선동과 조작에 수십 년간 노출되어 있던 셈이죠. 물론 모든 사람이 반공주의를 수용한 것은 아니었습니다. 일부는 의심하거나 도전하기도 했죠. 하지만 다수에게는 정권의 반공주의 드라이브가 짙은 안개처럼 자리 잡았습니다. 마치 안개가 짙은 숲속에서 길을 잃고 헤매는 것처럼, 군사독재정권하에서 살아간 이들은 왜곡된 시각을 가진 채 살아가야 했습니다. 가랑비와 안개에 머리와 옷

이 젖어 불편해지는 것에 결국 익숙해지듯, 많은 이들은 공산주의를 적으로 받아들이며 살아갔죠. 태극기부대는 이를 고스란히 간직하고 있습니다. 아직도 이들에게 공산주의는 적이고 싸워야 할 상대입니다. 암적인 존재인 그들을 물리쳐야 자유민주주의가 살아남을 수 있다고 믿고 있죠.

친미

친미 사상도 빼놓을 수 없는 특징입니다. 이를 가장 잘 보여주는 것이 성조기죠. 집회 현장에서 태극기만큼이나 흔하게 보입니다. 참가자들은 손에 성조기를 들고 흔들고, 백팩에 달거나 조끼에 부착하기도 합니다. 어떤 이들은 아예 어깨에 두르고 다니죠. 대형 성조기를 들고 행진하는 모습도 늘 볼 수 있습니다. 트럼프 대통령이 그려진 플래카드, 박근혜의 얼굴과 성조기가 함께 들어간 현수막도 곳곳에서 보이죠. 태극기집회이지만, 성조기집회라고 해도 어색하지 않을 정도입니다. 대중과 외신 모두 의아해합니다. 특히 미국 언론을 포함한 외신은 성조기가 어떻게 한국 정치와 연결되는지, 박근혜의 부패 스캔들과 무슨 관계가 있는지 궁금해하죠. 이에 대한 보도가 이어지는 이유입니다. 하지만 태극기부대에게 이건 전혀 어색하지 않습니다.

태극기부대에게 미국은 슈퍼맨입니다. 한국전쟁 당시 낙동강까지 밀렸던 남한을 구했고, 38선을 넘어 북한까지 쳐들어가 김일성 정권을 궁지에 몰아넣었죠. 이후에도 김일성이 기회를 노리며 도발을 계속했지만, 미국이 있었기에 남한은 무너지지 않았습니다. 얼핏 보면 맞는 말 같지만 온전한 진실이라기에는 너무 단순화한 주장이죠. 맥아더 장군의 북진 결정 등은 수많은 논쟁거리가 있습니다. 그러나 태극기부대의 주장은 간단명료합니다. 미국 덕에 살았다, 감사해야 한다, 그리고 그때나 지금이나 미국의 보호가 필요한 것은 마찬가지다. 그러니 그들에게 한미 군사동맹은 가장 중요할 수밖에 없습니다. "대한민국과 미국은 동맹입니다. 촛불이 한미동맹을 무너뜨리려 하는데, 우리가 성조기를 드는 게 왜 문제입니까?" 태극기부대는 이렇게 반문합니다. 하지만 앞뒤가 맞지 않죠. 촛불집회는 한미동맹을 논한 적이 없고, 한미동맹은 박근혜 스캔들과도 무관합니다. 그런 만큼 이런 억지는 이들이 미국을 어떻게 인식하는지 잘 보여줍니다. 태극기부대에게 한미동맹은 단순한 군사 협력이 아닙니다. 그들에게 이것은 반드시 지켜야 할 가치이자, 정적의 위협으로부터 보호해야 할 유산입니다. 이승만과 박정희의 최고 유산이기도 하죠. (물론 이 또한 온전한 사실이 아닙니다.) 그렇기에 자신들이 그 유산을 지켜야 한다고 생각합니다. 이런 인식은 자연스럽게 박씨 가문에 대한 충성과 연결됩니다. 반공이 곧 박정희의 유산을 계승하는 길이고, 한미동맹을 유지하는 것이 그 연장선이라는 겁니다. 결국, 이들에게 친미는 단순한 외교 노선이 아니라, 반공과 박정희의 유산을 함께 떠받치는 기둥과도 같습니다.

이렇게 중요한 한미동맹을 위협하는 좌파는 정말 나쁜 놈일 수밖에요. 태극기부대는 좌파가 한미동맹을 파괴하고, 한국을 김정은에게 바치려 한다는 주장을 반복해왔습니다. 이걸 막으려면 박근혜를 지켜야 한다고 합니다. 물론 근거 없는 억지입니다. 무엇보다 한미동맹과 박근혜의 부패, 그리고 탄핵은 아무 관련이 없습니다. "좌파가 노래를 잘 부르니 박근혜를 지켜야 한다"는 주장과 다를 게 없죠.

> "문재인 정권은 북한을 백두혈통이라고 치켜세운다" "평창올림픽을 평양올림픽으로 만든 문재인 정권" "주한미군 쫓아내는 문재인 정권 규탄한다" "대한민국 만세, 국군 만세, 한미동맹 만세, 자유 통일 만세"(2018년 삼일절 집회).
>
> "자유대한민국을 지켜주는 미합중국 트럼프 대통령에게 경례하자" "thank you America" "한국과 미국은 혈맹이다" "한미동맹 강화해 자유민주주의 지켜내자"(2019년 트럼프 방한 환영 집회).

태극기부대의 친미 정서는 미국을 섬기는 것으로까지 이어집니다. 이들은 미국이 한국을, 나아가 자신들을 도와줄 거라고 믿습니다. 박근혜가 이렇게 친미적이고, 우리도 이렇게 친미적인데, 미국이 가만히 있겠냐는 거죠. 심지어 미국이 직접 나서서 박근혜를 구해줄 수도 있다는 기대까지 했습니다. 트럼프 대통령이 개입할 거라는 희망도 숨기지 않았습니다. 미국은 자유민주주의의 맏형이니 빨갱이와 싸우며 자유민주주의를 지키는 박근혜를 버리겠냐고 기대했죠. 지금 젊은 세대의 눈에는 터무니없고, 과장돼 보이겠지만 냉전 세대에게는 크게 허황된 기대가 아닐 겁니다. 그들은 평생 미국을 이상적인 나라로 배워왔고, 자유와 번영을 보장하는 절대적 후원자로 여겨왔습니다. 'Made in USA'가 찍힌 제품은 최고급으로 인정받았고, 길거리에서 보이는 백인은 모두 미국 사람이라고 불렀습니다. FM 라디오에서는 늘 팝송이 흘러나왔고, 영어 실력은 곧 출세의 지름길이었으며, 통역을 하며 정치력을 행사할 수 있었습니다. 미국 유학은 곧 성공의 보증수표였고, 워싱턴 인맥은 강력한 정치적 자산이었습니다. 지금은 좀 달라졌지만, 태극기부대 세대에게 이런 감성과 동경은 여전히 유효합니다. 친미가 그들을 묶는 중요한 정체성이 된 이유도 여기에 있죠. 그들에게 성조기를 흔드는 것은 단순한 퍼포먼스가 아닙니다. 그건 자신들이 믿어온 세계관을 확인하는 행위이자, '우리는 미국과 함께한다'는 선언입니다.

이런 현상을 가장 단적으로 보여주는 사례가 사랑제일교회의 집회 현장입니다. 전광훈 목사는 집회의 마무리를 장식하는 연설을 자주 합니다. 그는 늘 자신의 말을 영어로 읊어주는 동시 통역사를 동반합니다. 그러나 청중 중 영어권 사람으로 보이는 이는 없습니다. 몇 명이나 영어를 이해할까 싶죠. 게다가 통역의 질도 형편없었습니다. 통역이 굳이 필요하지 않다고 볼 수 있습니다. 대신 정치적·상징적 효과를 노린다고 봐야죠. 아무도 알아듣는 이 없는 영어 통역 자체가 정치 행위니까요. 그 메시지는 명확합니다. '우리는 미국과 연결되어 있다. 우리는 미국과 가까운 사람들이다. 감히 우리를 무시하지 마라.' 이 메시지는 청중에게 강한 만족감과 자신감을 주었습니다.

반공주의와 친미가 정체성의 핵심인 태극기부대에게 민주당 정권의 등장은 단순한 정권교체가 아니라 실존적 위협이 되었습니다. 박근혜의 정치적 위기는 단순한 부패 스캔들이 아니었죠. 박근혜는 남한 보수 이념의 상징이었고, 박근혜가 무너지면 반공과 친미라는 건국 이념 또한 흔들릴 거라는 위기감이 있었습니다. 성조기의 범람은 바로 그 불안을 반영하는 것이었습니다.

7장

누가 극우인가

유럽 극우와 한국 극우의 같은 점과 다른 점

태극기부대는 흔히 극우로 불립니다. 이들이 등장하기 전에는 이 말이 잘 쓰이지 않았습니다. 사실 그전에는 극우라 부를 만한 집단도 별로 없었죠. 극우라 하면 서북청년회 등 해방 정국을 떠올릴 뿐이었습니다. 그러나 태극기부대의 등장으로 상황은 달라졌습니다. 지금은 '극우단체'나 '극우세력'이라는 표현이 흔히 쓰입니다.

그렇다면 '극우'란 무엇일까요? 이 말을 사용할 때 우리는 특정 집단이나 성향을 머릿속에 그립니다. 그들의 공통점은 무엇일까? 그런 성향을 극우라 할 수 있을까? 이런 점을 가능한 한 객관적으로 짚고 넘어가야 합니다. 그렇지 않으면 마음에 들지 않는 보수 인물이나 집단을 무턱대고 극우라고 칭할 수 있죠. 그렇게 되면 '극우'는 정치적 수사로 변질될 겁니다. 객관적 개념으로서는 무의미해질 테죠. 결국 진짜 극우가 등장했을 때, 우리는 이를 눈치채지 못할 수도 있습니다.

'극우'의 의미

'극우'는 '극단적 우파'를 뜻합니다. 우파는 일반적으로 자유시장경제, 개인의 자유, 전통적 가치를 평가하고 지키려는 이들입니다. 즉 극우는 기존 가치에 과하게 매몰된 정치 성향을 의미합니다. 말 그대로 우파의 극단적 모습인 것이죠. 자유시장경제, 개인의 자유는 쉽게 짐작할 수 있습니다. 그렇다면 전통적 가치는 무엇일까요? 유럽에서 극우가 말하는 전통은 기독교 문명입니다. 교회가 중심이던 사회, 가부장적 가족, 그리고 그 속에서 인정받던 도덕이 그것이죠. 하지만 이제 그런 가치들은 희귀해졌습니다. 극우의 시선에서 보면, 전통의 타락은 이미 심각한 수준입니다. 기독교의 쇠퇴는 뚜렷합니다. 교인 수도 줄고 교회의 정치적, 사회적 영향력도 퇴보했죠. 교회가 강조하는 가족제도도 무너졌습니다. 가부장적 가족의 몰락은 이미 일반적입니다. 게다가 이제 가족 자체의 붕괴까지 우려하는 상황입니다. 바로 동성결혼과 낙태가 주범입니다. 이질 문화의 유입은 이런 위기를 더 심각하게 합니다. 비기독교인의 대규모 이주는 유럽 전체를 흔들고 있죠. 무슬림이 다수인 이주민들은 언어도 다르고, 교회 문화에도 녹아들지 않습니다. 일요일마다 교회에서 얼굴을 마주하던 공동체의 모습은 사라졌고, 아이들의 이름도 낯설어졌습니다. 이런 변화는 사실 정치적, 사회적, 문명적 현상이죠. 예를 들어, 이주민의 증가는 싼 노동력이 있어야 하는 시장경제의 결과이기도 합니다. 그러므로 딱히 누구를 꼬집어 비난하기 쉽지 않습니다. 하지만 사람들은 복잡한 현상을 이해하고 비판하기보다는 다른 이를 비난하곤 하죠. 극우에게 만만하고 눈에 잘 띄는 이가 바로 이주민입니다. 이들에 대한 적개심, 혐오가 증가할 수밖에요. 유럽 극우의 대표적인 특징이기도 합니다.

문제는 이주민만이 아닙니다. 변화를 부추기는 정치인들도 있죠. 극우의 시각으로 보면 정부와 기존 정치 지도자들은 위기를 해결하기는커녕 오히려 자초하고 있습니다. 복지 혜택이 그 대표적인 예입니다. 이주민들에게 유럽 정부의 지원은 상당합니다. 특히 이주민이 많은 독일의 경우, 난민과 이민자는 7개월 동안 무료로 어학원을 다닐 수 있습니다. 여기에는 독일의 역사, 문화, 법체계를 가르치는 통합 과정까지 포함됩니다. 게다가 독일 정부는 매달 주거비 520유로, 생활비 400유로를 지급합니다. 한국 돈으로 환산하면 한 사람당 약 130만 원꼴이죠. 그 외 여러 지원이 따릅니다. 이 모든 데 들어가는 예산이 연간 8억 유로, 한국 돈으로 약 1조 1440억 원 정도입니다. 2023년 독일 연방정부 예산이 약 3800억 유로였으니, 전체의 0.2% 수준이죠. 이런 지원을 사회 통합과 장기적 발전을 위한 투자로 볼 수도 있습니다. 하지만 극우의 시각은 다릅니다. 이주를 더 부추기고, 부담만 커진다고 보는 것이죠. 무엇보다 자국민이 받아야 할 몫이 줄어든다고 생각합니다. 정치 지도자라고 뽑아놨더니 남들 도와주느라 바쁘다는 게 극우의 불만입니다.

기존 정치에 대한 불신은 대안을 찾는 열망으로 이어집니다. '우리'를 대변할 강한 지도자를 원하죠. 극우는 그가 법과 질서를 회복하길 주문합니다. 이는 곧 국경 보호와 이민 규제입니다. 이를 통해 우리를 지키라고 외치죠. 위기에는 특단의 조치가 필요합니다. 그러니 민주주의는 맞지 않다고도 합니다. 민주주의는 너무 느리니까요. 결정 하나를 내리는 데 끝없는 토론이 필요합니다. 합의가 이루어져도 집행하기까지 시간이 걸리죠. 그마저도 법원이 개입하고, 야당과 시민사회가 제동을 겁니다. 이런 과정이 민주주의의 원리지만, 극우는 이를 비효율과 실패로 봅니다. 답답한 민주주의보다 단호한 행동이 필요하니 필요하다면 이 체제를 포기하거나, 적어도 잠시 접어야 한다고 주장합니다. 자연히 반민주주의적 특성을 띱니다. 권위주의적 지도자에게 열광하는 것 또한 이런 배경의 결과라 할 것입니다. 이를 종합해보면 배타적 민족주의, 반엘리트, 반국제화주의, 그리고 권위주의를 극우의 특성으로 들 수 있습니다. 유럽에서 이들의 기세가 만만치 않습니다.

유럽의 극우

헝가리의 빅토르 오르반과 그의 피데스Fidesz당은 2010

년 두 번째 승리 이후 점점 극우적 색채를 강화해왔습니다. 오르반은 헝가리를 "헝가리인의 나라"라고 규정하며 외부 개입과 다문화주의를 거부했습니다. 특히 유럽연합에 대해 강한 반감을 드러냈습니다. 헝가리의 주권과 전통을 침해하고 있다며 비판했죠. 오르반이 내세운 것은 자국 중심의 정책이었습니다. 유럽 통합보다 헝가리의 독립성과 전통, 특히 기독교의 가치를 우선시했죠. 이런 민족주의적 기조는 반이민 정책으로 이어졌습니다. 그는 무슬림의 이민을 헝가리의 기독교 정체성을 위협하는 요소로 규정했습니다. 2015년 시리아 난민 위기 당시, 유럽 각국이 난민을 수용했지만, 헝가리는 국경 장벽을 세우고 받아들이지 않았죠. 오르반은 이를 "유럽을 지키는 조치"라고 주장했습니다. 유럽연합에서 불법이라고 판결했지만 막무가내였습니다. 사회 정책에서도 유럽과 반대 방향으로 갔습니다. 성소수자 보호가 유럽에서 강화되는 가운데, 오르반은 동성애가 기독교적 가치에 어긋난다고 비난했죠. 임신중절을 제한하는 조치도 도입했습니다. 시술 전 태아의 심장 박동을 듣게 하는 방식이 대표적이죠. 반면 가족 지원 예산은 대폭 늘렸습니다. 이런 정책은 헝가리 내 보수층을 결집시키는 데 효과적이었고, 선거에서도 유효한 전략이었죠. 여기에 경기 호황도 한몫했습니다. 경제 상황이 좋았던 덕에 오르반 정부에 대한 지지가 높았고, 그는 2014년, 2018년, 2022년 선거에서 승리하며 장기 집권에 성공했습니다.

오르반 정부는 권위주의적이라는 비판에서도 자유롭지 않습니다. 오르반은 압도적인 의석수를 이용해 더욱 보수적인 헌법을 제정했습니다. 그는 사법부에 자신에게 우호적인 판사들을 배치했고, 냉전 이후 헝가리 민주주의를 촉진했던 견제와 균형 장치를 약화시켰죠. 그중에서도 선거제도를 개편해 자신의 정당에 유리하게 만들었고, 언론의 자유를 억누르며 비영리단체를 탄압했습니다. 조지 소로스가 설립한 오픈 소사이어티 재단도 그 대상이었죠. 소로스는 나치 점령기 당시 헝가리에서 살아남아 억만장자가 된 자선가였지만, 오르반은 그가 헝가리의 주권을 위협하려 한다고 비난했습니다.

폴란드도 비슷한 길을 걸었습니다. 법과정의당PiS은 2015년 의회 과반을 차지하며 정국을 주도해나갔죠. 이들은 헝가리처럼 폴란드를 개혁하겠다고 공언하며 강한 민족주의를 앞세웠습니다. 반이민 정책이 이들의 핵심이었습니다. 2015년 난민 위기 당시, 법과정의당은 무슬림 난민이 폴란드의 가톨릭적 정체성을 위협한다고 주장하며 수용을 거부했습니다. 난민을 범죄와 불안정의 원인으로 묘사했죠. 사회 정책에서도 강한 보수적 입장을 유지했습니다. 2020

년, 사실상 모든 낙태가 금지되자, 여성단체와 야권이 강하게 반발했습니다. 성소수자의 권리도 적극적으로 제한하며, 일부 지방정부는 "LGBT 이념 없는 구역"을 선포하기도 했습니다. 폴란드의 헌법 질서도 무너뜨렸습니다. 헌법재판소에 자당 인사를 대거 임명하며 법원의 독립성을 흔들었습니다. NGO의 활동을 제한하고, 독립 언론을 탄압하며, 표현의 자유와 집회의 자유를 억압했죠. 또한 공무원의 채용 기준을 완화해 당에 충성하는 인사들로 채웠습니다. 미디어법도 개정됐습니다. 정부가 국영 방송을 장악하며 이를 친정부적 선전 매체로 만들었죠. 유럽연합이 민주주의와 법치주의를 이유로 폴란드 정부의 사법 개혁을 비판하자, 이를 "유럽연합의 내정 간섭"이라 규정하며 강하게 반발했습니다.

서유럽에서도 극우정당이 빠르게 성장하고 있습니다. 대표적인 사례로 프랑스의 국민연합Rassemblement National, RN, 이탈리아의 이탈리아형제들Fratelli d'Italia, FdI, 독일의 독일을위한대안Alternative für Deutschland, AfD 등이 있습니다. 이들은 하나같이 반이민, 반유럽연합, 민족주의를 내세우며 정치적 영향력을 키워왔죠. 프랑스의 국민연합은 마린 르펜의 지도하에 기존의 극우 이미지를 세련되게 다듬으며 대중적 지지를 넓혔습니다. 이들은 '프랑스 우선주의'를 강조하며 이민을 제한하고, 이슬람 문화가 프랑스의 정체성을 위협한다고 주장했죠. 대선에서도 르펜 후보가 2위를 기록하면서 기존 정당을 물리치는 기염을 토했습니다. 이탈리아의 이탈리아형제들은 조르자 멜로니의 지도하에 2022년 총선에서 승리하며 집권에 성공했습니다. 멜로니는 가톨릭적 전통과 가족의 가치를 내세우며 이민자의 유입을 강하게 반대했고, 유럽연합의 개입에도 부정적인 태도를 보였습니다. 독일도 마찬가지입니다. 독일을위한대안은 반이슬람, 반이민 정서를 이용해 지지를 얻었으며, 특히 2015년 난민 위기 이후 급성장했습니다. 독일을위한대안은 독일 정부가 난민을 과도하게 수용해 독일인의 안전과 경제를 위협한다고 주장하며, 강경한 반이민 정책을 요구해왔죠. 지방선거에서 승리를 이어갔고, 이제는 중앙 정치에서도 목소리를 키우고 있습니다. 이 밖에 오스트리아의 자유당Freedom Party, 벨기에의 국민전선Front National, 스위스의 국민당Swiss People's Party, 덴마크의 국민당Danish People's Party, 독일의 국민민주당National Democratic Party of Germany, 네덜란드의 핌 포르튄 리스트Pim Fortuyn List, 포르투갈의 국가혁신당National Renovator Party, 스웨덴의 스웨덴민주당Swedish Democrats 등 유럽에서 극우의 성장이 뚜렷합니다.

한국의 극우

그럼 이런 개념을 한국에도 적용할 수 있을까요? 태극기부대를 극우로 볼 수 있을까요? 우선 앞에서 짚었던 극우의 특징을 다시 살펴보죠. 배타적 민족주의, 반엘리트 정서, 반국제화주의, 그리고 권위주의를 그 특징으로 들었습니다. 이를 더 일반화해보면, 일정한 패턴이 보입니다. 극우는 먼저 '우리'(기독교 유럽인)를 정의합니다. 자연히 '그들'(무슬림 침입자)도 설정되죠. 극우의 논리에서 그들은 문제의 근원입니다. 그리고 이 문제를 악화시키는 내부의 적, 즉 '배신자'(정부, 유럽연합)도 등장합니다. 반대로, 이 모든 혼란을 해결할 영웅(오르반)도 필요하죠. 결국 극우는 문제와 해결 모두 정체성에 기반을 둡니다. 무엇을 어떻게 바꿀지가 아니라, 누가 우리 편이고 누가 적인가가, 그리고 이들 사이의 대결이 더 중요합니다. 극우는, 그리고 극우의 정치는 전통적 가치를 지키는 우리와 이를 위협하는 저들과의 대결이 핵심인 겁니다.

극우를 우리와 저들과의 대결 중심으로 이해한다면 유럽의 극우와 태극기부대의 공통점을 찾을 수 있습니다. 두 집단 모두 전통적 가치와 사회질서를 위협하는 적을 상정하고, 그 위협을 실존적인 것으로 인식했죠. 하지만 대상이 달랐습니다. 유럽 극우세력은 비기독교계 이주자를 적으로

봤습니다. 태극기부대는 공산주의자, 사회주의자, 그리고 북한에 우호적인 세력을 적으로 규정했습니다. 태극기부대의 눈에 빨갱이들은 세상천지에 깔려 있습니다. 민주당 등 정당뿐 아니라, 노조, 학교에도 많습니다. 언론도 빨갱이이고, 문화인들도 빨갱이입니다. 태극기부대에게 이들은 공산주의 사상을 퍼뜨리고, 한국을 공산화하려는 존재죠. 그러면 태극기부대가 말하는 '우리'는 누구일까요? 이승만, 박씨 일가를 따르는 애국시민입니다. 그 '우리'는 자유민주주의를 사랑합니다. 시장경제를 지키고 빨갱이들로부터 나라를 지키고 있다고 주장합니다.

태극기부대의 세계관에서 우리와 저들과의 투쟁은 아직 진행 중이죠. 빨갱이들은 아직도 적화통일의 야욕을 버리지 않고 있고, 우리가 조금만 방심해도 친북세력이 준동하리라 경계합니다. 그걸 놔두면 한국은 망한다고 믿죠. 평범한 시민들은 이런 속사정을 모른다고 합니다. 워낙 빨갱이들이 교활하니까요. 그래서 우리의 투쟁은 외롭습니다. 그러나 그렇다고 멈출 수는 없습니다. 우리가 아니면 이 싸움을 할 사람이 없으니까요. 이들은 기존 정당이나 지도자들이 공산주의자이거나, 최소한 친북 성향이고, 아무리 잘해봐야 좌익세력에 맞설 의지가 부족하다고 봤습니다. 북한 핵무기, 남한 내 좌익 확장 등으로 나라가 절체절명의 위기에 처해 있는데, 이런 허약한 지도자들로는 부족하죠. 이들을 신뢰할 수 없습니다. 그래서 반공의 기치를 힘차게 대변할 수 있는 강한 지도자를 원하고 따릅니다. 이들이 박근혜를 열렬히 지지했던 배경입니다.

우리와 저들의 대립, 전통 가치의 보호, 기존 정치 질서에 대한 불신, 그리고 권위주의적 성향을 고려하면 태극기부대를 극우로 분류하는 것이 크게 틀리지는 않습니다. 하지만 유럽의 극우와는 같은 흐름이라고는 보기 어렵죠. 가장 뚜렷한 차이점은 반국제주의 성향이 두드러지지 않다는 점입니다. 유럽의 극우세력이 유럽연합과 국제기구를 강하게 거부하는 것과 달리, 태극기부대는 이런 면에 무심하죠. 굳이 논하자면 오히려 정반대일 겁니다. 친미적 성향이 굉장히 강하니까요. 민족주의도 차이가 있습니다. 유럽의 극우에게 배타적 민족주의는 핵심 요소입니다. 하지만 태극기부대에서는 그다지 강조되지 않죠. 오히려 반대라고 할 수 있습니다. 앞에서 살펴봤듯이, 뉴라이트는 전통적 민족주의에서 벗어나야 한다고 주장했습니다. 민족주의는 낡았고, 대신 국가 중심적 사고가 필요하다는 입장이죠. 즉, 민족주의가 아닌 탈민족주의를 강조한 겁니다. 이런 점을 보면 태극기부대를 극우로 보는 것이 과연 적절한지 고민하게 됩니다. 행태와 사상의 틀은 유사하지만, 정체성을 구성하는 핵심 요소가 다르기 때문이죠. 배타적인 성향은 분명하지만, 민족주의가 빠진 극우 개념은 어딘가 어색하게 느껴집니다.

"반공세력이 곧 우리 민족"

민족주의가 빠진 극우는 어색합니다. 그렇다면 태극기 부대는 극우가 아닐까요? 하지만 조금만 들여다보면, 이들도 강하고 배타적인 민족주의를 표방하고 있음을 알 수 있습니다. 다만 그 민족주의의 형태가 독특할 뿐이죠. 태극기 부대 역시 자신들만의 민족관을 바탕으로 '우리'와 '타자'를 구분합니다. 방식이 다를 뿐, 배타적 민족주의를 지니고 있다고 볼 수 있습니다. 그렇다면 그들이 말하는 '민족'이란 무엇일까요? 이미 살펴봤듯이, 뉴라이트 시절부터 이들은 역사를 민족이 아니라 대한민국이라는 국가 중심으로 해석했습니다. 그 과정에서 민족의 의미도 달라졌죠. 일반적으로 민족이란 지연과 혈연을 바탕으로 고유한 전통을 공유하고, 역사적 기억과 공동체 의식을 가진 집단을 뜻합니다. 한국에서 '한민족'이라 하면 한반도에서 오랜 세월 외세의 침략을 견디며 한글 같은 고유문화를 지켜온 집단을 의미하죠. 이 개념에는 그 집단이 수백 년, 길게는 천 년 이상의 역사를 공유한다는 의식이 깔려 있습니다.

뉴라이트의 시각은 다릅니다. 이들은 민족 개념 자체가 근대에 형성된 것이라고 강조합니다. 민족이라는 개념이 본격적으로 사용된 것도, 정립된 것도 러일전쟁 이후라고 합니다. 조선이 외세의 간섭과 내부 위기로 정치적 혼란을 겪는 동안, 일본에서 유입되고 흔들리던 조선왕조가 이를 정치적 구심점으로 사용했다는 것이죠. 일제강점기를 거치며 이 개념이 더욱 강화됐고, 이에 저항하는 과정에서 한국 사회 깊숙이 퍼졌다고 주장합니다. 이들이 보기에, 현대 민족주의가 본격적으로 도약한 계기는 1980년대 민주화 시기였습니다. 뉴라이트 사상가이자 《반일 종족주의》의 공동저자인 이영훈은 민주화 이후 민족주의가 새로운 정치세력의 이념으로 자리 잡았고, 그 결과 통일운동이 촉진되었다고 진단합니다. 전통적인 민족주의와는 전혀 다른 해석이죠.

> 1987년 '민주화 시대'의 도래와 함께 사상의 자유가 보장되자 체제와 이념을 달리하는 남과 북의 두 국가를 하나로 합치겠다는 정치세력과 대중운동이 성숙하고, 이어 1997년 김대중 정권의 성립과 더불어 정치적으로 또 문화적으로까지 굳건한 헤게모니를 구축하게 [됐다].

이들은 이런 민족주의가 남과 북을 하나로 묶는 것에 아무 근거가 없음을 지적합니다. 1980년대 민중사학, 통일사학의 병폐일 뿐이라고 깎아내리죠. 이런 오류를 고치는 데 객관적 통찰이 필요함을 지적합니다. 그 객관적 사실이라는 것은 바로 남북 분단의 고착화죠. 그러니 북한은 빼고, '한국'의 역사를 민족의 역사로 봐야 한다는 시각을 강조합니다.

> 수천 년 동안 한반도에 출현했던 국가들은 대부분이 중국의 대륙문명권으로부터 선진 문화를 받아들이며 살아왔다. …… 그러나 이러한 전통적인 구도는 1945년의 해방과 함께 근본적인 변화를 겪게 되었다. 인민공화국이 들어선 북한 지역은 옛날처럼 중국의 대륙문명권에 남아 친숙한 집단주의적 공동체주의적 생활 방식에 따라 살게 되었지만, 대한민국이 들어선 남한 지역은 대륙과의 관계를 끊고 낯설은 미국의 해양문명권에 줄을 대게 되었다. 이와 같은 문명사적 전환 과정에서 이승만이 결정적으로 중요한 역할을 하였음은 물론이다.

즉 이들이 보기에 한국은, 그리고 한국의 민족은 북한과 완전히 다른 존재입니다. 그 중심에 미국과 반공이 있죠.

그렇기에 반공 색채가 약한 집단은 진정한 의미에서 민족의 일부라 할 수 없습니다. 그런 면에서 좌우합작을 이루었던 임시정부의 정통성도 의심합니다.

> 임시정부는 독립운동가들로만 이루어진, 그리고 반공주의자들로만 이루어지지 않은, 좌우합작 정부였다. 따라서 그것은 건국 초기에 반공법(국가보안법)을 제정한 대한민국과 성격에 있어서 많이 달랐다. …… 이런 점에서 볼 때 임시정부 헌법과 제헌헌법을 비롯한 오늘날의 헌법 사이에 있어 법적 연관성은 사실 희박한 것이다.

즉 이들이 말하는 민족은 단순한 혈연이나 역사적 연대감이 아닙니다. 북한 공산주의에 맞서 성장해온 반공세력이 곧 민족인 셈이죠. 우리 편은 반공세력이고, 반대편은 공산주의세력입니다. 타자는 북한만이 아닙니다. 여기에 동조하는 세력도 포함되죠. 반대로 미국은 대한민국의 건국을 도왔고, 한국을 과거의 중화 질서에서 분리했습니다. 동시에 공산주의에 맞서는 문명적 전투의 동지이기도 합니다. 그러니 반공과 친미는 따로 떼어낼 수 없는 개념이죠. 한국의 정체성을 이루는 핵심 가치이기도 합니다. 이렇게 보면, 태극기부대와 한국 극우에게도 배타적 민족주의가 강하게 자리하고 있음을 알 수 있습니다. 다만, 그 민족을 이루는 요소가 우리가 흔히 떠올리는 것과 다를 뿐입니다.

극우와 비슷한 한국 우파의 특징

태극기부대도 극우로 볼 수 있다는 결론을 내렸습니다. 얼핏 보면, 민족주의가 큰 특징이 아닌 것 같고, 그래서 극우라는 타이틀이 조금 어색할 수 있지만 그렇지 않습니다. 여기서 이 장을 마치는 것이 좋겠지만 기왕 말이 나왔으니 사족을 달겠습니다. 극우가 극단적 우파라면, 극단적이라 문제일 뿐, 우파의 모습을 가장 적나라하게 보여줄 수 있죠. 그런 면에서 본다면 극우의 민족관, 그 가치는 한국 우파의 가치라고 볼 수도 있습니다. 우파의 핵심은 기존의 가치를 지키는 것입니다. 그래서 보수와 비슷한 의미로 쓰이기도 하죠. 하지만 중요한 건 가치를 지키는 방식이 아니라, 그 가치가 무엇이냐는 점입니다. 극우의 가치를 이미 살펴봤습니다. 그렇다면 그것이 우파의 가치이기도 할까요?

소위 우파·보수 논객이나 정치인의 주장을 돌이켜보면, 그들이 지키려는 가치가 무엇인지 뚜렷하지 않습니다. 시장경제를 떠올릴 수 있습니다. 전통적으로 우파의 핵심 가치죠. 하지만 한국에서 시장경제는 서구처럼 사회적 가치로 깊이 자리 잡지 않았습니다. '시장이 자원을 효율적으로 배분하니, 국가의 개입은 오히려 해가 된다. 따라서 국가는 간섭을 최소화해야 한다.' 이런 논리를 한국의 우파가 얼마나 이해하고 지지할까요? 그런 주장을 일관되게 펼치는 이를 본 기억이 없습니다. 그런 주장이 없는 이유는 그런 경우가 없기 때문일 수도 있습니다. 현실은 오히려 반대입니다. 박정희는 국가의 개입을 최대한 늘렸죠. 적극적 국가 개입을 통한 경제개발, 즉 전통적인 우파의 가치와 거리가 먼 방향을 추구했습니다. 박정희뿐만이 아닙니다. 그를 따르는 이들도, 우파도, 극우도 이를 우파적 가치라고 받아들였습니다. 정부의 시장 개입은 한국에서는 우파도, 좌파도, 보수도, 진보도 모두 받아들입니다.

개인의 자유는 어떤가요? 전통적 우파의 핵심 가치입니다. 개인의 자유를 최대한 보호하고, 자유로운 활동을 보장하자. 그러면 개인들이 상호작용을 통해 공동체의 문제를 자연히 풀어나갈 것이다. 개인의 자유를 억압하는 기재는 나쁠 뿐 아니라 비효율적이다는 게 서구 우파의 주장이죠. 하지만 이런 개념이 한국에는 희박합니다. 우선 한국 근대 정치는 개인의 자유를 억압하며 성장했습니다. 전쟁의 참화가 있었고, 이를 극복하는 과정은 개인의 자유를 희생하면서였습니다. 빨갱이와 싸우고 있는데 자유가 웬 말이냐는 게 박정희를 비롯한 군부세력의 주장이었죠. 민주주의가 들어서서도 마찬가지였습니다. 국가를 위한 개인의 희생을 여전히 숭배했습니다. IMF 사태에서 개인이 금반지를 팔아 나랏빚을 갚은 것을 저력이라 칭송하죠. 자기 이익을 추구한 것뿐인 연예인들을 나라를 빛냈다고 말하기도 합니다. 한국사회가 학연과 지연으로 얽혀 있는 것 또한 이런 사정을 잘 조명합니다. 이렇게 보면 시장경제, 개인의 자유 등 전통적 우파의 가치가 북극곰, 캥거루만큼이나 어색하다고 할 수 있습니다.

시장경제, 개인의 자유가 아니라면 한국의 우파가 지키고자 하는 가치는 무엇일까요? 이미 그 답은 극우가 제시해주었습니다. 바로 반공과 친미입니다. 21세기 한국에서, 10대 경제 대국이고 문화로 세계를 점령한 한국의 중심 가치가 반공과 친미라면 어색할 수 있습니다. 하지만 그게 아니라면 무엇일까요? 한국 우파의 중심 가치가 반공과 친미 말고 다른 게 있나요? 처음의 어색함이 지나고 나면 반공과 친미가 극우뿐 아니라 우파의 중심 가치임을 알 수 있습니다. 우파 정치인의 담론을 보면 분명합니다. 정치적 논란 또는 정적을 비난할 땐 소위 '색깔론'이 되풀이됩니다. 시대에 뒤처졌다고 아무리 비난해도 되풀이되죠. 문재인 정부 때만 돌아봐도 차고 넘칩니다.

나경원 자유한국당 원내대표: "더 이상 대한민국 대통령이 김정은 수석대변인이라는 낯 뜨거운 이야기를 듣지 않도록 해달라"(2019년 3월).

정미경 자유한국당 최고위원: "유시민씨에게 한마디 한다. 너 김일성, 김정일, 김정은 편만 들고 지금도 편들지. 그럼 너 평양으로 가야지"(2019년 7월). "문재인 정권 주사파들에게 묻지 않을 수가 없습니다. 이념이 국민의 생명, 안전보다 더 진합니까?"(2020년 1월).

최춘식 미래통합당 후보: "보수가 지면 남한은 공산화된다"(2020년 4월).

조원진 우리공화당 후보: "문재인 정권은 친중, 친북, 종북 정권이다. 대한민국 토착 빨갱이들이 모여 있는 정권"(2020년 4월).

김용판 미래통합당 후보: "종북좌파와 우한 코로나를 묵묵히 이겨낸 대구는 대한민국 승리의 교두보이자 결기의 상징"(2020년 4월).

김대중 《조선일보》 칼럼니스트: "[2020년 총선]에서 더불어민주당이 그의 위성 세력과 함께 과반을 가져가면 지난 3년의 문재인 정책과 노선은 신임을 받는 것이고 절반을 넘어 3분의 2를 얻으면 개헌을 통해 장기 집권과 주류 교체라는 좌파 '혁명'의 길을 열어준다. 다음 대선(2022년)은 물론 그 이후, 어쩌면 저들이 바라는 형태의 통일까지 이어지는 세상이 될 것이다"(2020년 1월).

그들이 말하는 좌파를 친북세력으로 보는 이 색깔론은 철 지났다고 비난하기 힘듭니다. 그러기에는 너무 자주, 늘 반복되니까요. 그 반대죠. 우파에게 반공은 구태의연하지 않습니다. 그것은 우파가 지키고자 하는 가치입니다. 더 나아가 극우가 정의하는 민족의 한 축이기에 되풀이되는 겁니다.

친미도 마찬가지죠. 보수 정치인에게 한미동맹은 성경의 한 구절과도 같습니다. 김무성 전 새누리당 대표는 "우리에게는 역시 중국보다는 미국 …… 미국은 유일하고 대체 불가능한, 독보적 동맹이라는 점을 잊어서는 안 된다"(2015년 7월)고 했죠. 한미동맹은 실제로 중요합니다. 우파가 아니어도 공감을 하죠. 하지만 우파에게 한미동맹은 군사동맹 그 이상입니다. 한국이 미국에 온전히 기대야 한다는 정서가 강합니다. 그러니 누가 조금만 독자적 목소리를 내면 꾸짖는 듯 반대합니다. 어디 감히 미국을 거스르냐는 식이죠. 노무현 정부가 추진했던 균형자론이 대표적 예입니다. 노무현 대통령은 2005년 "우리 외교는 동북아 질서를 평화와 번영의 질서로 만들기 위해 역내 갈등과 충돌이 재연되지 않도록 균형자 역할을 수행해야 할 것"이라며 "이를 위해 한미동맹을 확고히 견지해나가는 게 필요하며, 한미동맹을 토대로 협력과 통합의 동북아 질서 구축을 위해 외교부가 전략적인 안목과 방향성을 갖고 정책을 주도해나가 달라"고 당부했습니다. 당시 동북아에서 패권 경쟁에 주목하고 중·일 간 조정자 역할을 하겠다는 강력한 의지의 표현으로 해석할 수 있죠.

노무현 대통령의 구상은 강대국 사이에 낀 지정학적 사정으로 역사적 상처가 많은 나라의 지도자가 고민하고 제시할 법한 것이었습니다. 게다가 한미동맹을 강조하기까지 했습니다. 하지만 우파는 가만히 있지 않았습니다. 미·중이 주도권을 놓고 다투는 상황에서 한국이 어느 편도 들지 않는 중립적 입장을 유지할 수 있겠냐, 한미동맹을 유지하면서 동북아에서 균형자 역할을 하겠다는 구상은 현실에 맞지 않다, 미국이 볼 때 이는 한미관계보다 중국·러시아와의 관계를 더 중시하겠다는 신호로 해석될 수도 있다, 말이 중립이지 미국에 저항하는 것이다 등등 비난이 폭발했습니다. 당시 박근혜 한나라당 대표는 "중국도, 일본도, 러시아도, 심지어 북한까지도 우리를 균형자로 인정하지 않고 있다. …… 현실이 이런데 만약 우리가 한미동맹을 벗어나 외교적 고립을 자초한다면 이는 국익에 아무런 도움이 되지 않을 것"이라며 "한 번 손상된 한미관계를 복원하는 것은 결코 쉽지 않다"고 했습니다. 한미동맹을 중심으로 중·일 사이의 균형을 잡겠다니까 한미동맹을 위협한다고 비난한 셈이었죠. 생각해볼 만한 일에 비논리적이고 감정적 비난이 터져 나온 데에는 우파의 핵심 가치를 건드렸기 때문이라고 할 수 있습니다.

전시작전통제권 논란도 같은 흐름이죠. 현재 대한민국 국군의 전시작전권은 한미연합군사령부가 가지고 있습니다. 환수 논의는 오래전부터 이어졌지만, 군 내부의 반발과 합참의 작전 지휘 능력에 대한 의문이 제기되면서 절충안이 나왔습니다. 평시작전권을 먼저 환수하고, 이후 전시작전권까지 가져온다는 계획이었죠. 이에 따라 1994년 말 평시작전권은 한국군으로 넘어갔습니다. 하지만 전시작전권 환수는 무기한 연기됐습니다. 시간이 흘러 노무현 정부 때 다시 논의가 시작됐습니다. 2012년 환수 합의가 이뤄졌지만 반발이 거셌죠. "한미동맹을 무너뜨리는 결정이다" "북한을 돕는 행위다" 같은 주장이 쏟아졌습니다.

> 서정갑 국민행동본부 본부장: "전작권 문제는 정책이 아니라 사상의 문제다. 저들은 우리와 다른 가치관과 계급혁명적 국가관을 갖고 있다. 한미연합사가 해체되면 미국

의 핵우산도 사실상 철거된다."

신혜식 《독립신문》 대표: "작통권 환수를 정상으로 보는 사람은 김정일 추종자들뿐이다."

김성은 전 국방부 장관: "전작권 환수는 김정일에게 남침하라고 주는 초대장이다."

결국 이명박 정부는 안보 공백 우려를 이유로 전시작전권 환수를 2015년 12월로 연기했습니다. 박근혜 정부는 한발 더 나아갔죠. 2014년 10월, 아예 시기를 정하지 않고 "한국군의 능력과 주변 안보 환경이 충족될 때"라는 조건을 붙여 다시 미뤘습니다. 사실상 무기한 연기입니다. 전시작전권 논의는 복잡합니다. 하지만 국가가 전시작전권을 스스로 행사하지 못한다는 건 국가 주권의 기본 정의와 충돌하는 부분이 있습니다. 미국에 얼마만큼, 언제까지 의존할 것인지도 따져봐야 합니다. 부족한 점이 있다면 어떻게 채울지 논의해야겠죠. 하지만 우파 진영의 반응은 달랐습니다. 논의 자체를 금기시하는 분위기였습니다. "한미동맹을 의심하는 행위"라며 불경죄 취급을 했죠. 결국 이 논란도 한국 사회에서 친미가 얼마나 절대적인 가치로 여겨지는지를 보여주는 사례라고 할 수 있습니다.

반공과 친미는 한국 우파의 핵심 가치입니다. 극우만

의 것이 아닙니다. 게다가 단순한 정치적 입장이 아니라 국가 정체성과 정책 결정, 사회적 담론까지 깊이 영향을 미치죠. 서구 민주주의 국가들의 우파가 경제적 자유주의나 민족주의를 강조하는 것과 달리, 한국의 우파는 역사적 경험에서 그 정체성이 형성되었습니다. 일제강점기, 한국전쟁, 그리고 남북 분단을 거치며 반공은 절대적인 원칙이 되었고, 친미는 국가 생존의 필수 조건처럼 여겨졌습니다.

문제는 이런 이념적 경직성이 생산적 논의를 가로막는다는 점입니다. 반공과 친미는 논쟁 대상이 아니라 불문율처럼 받아들여집니다. 대북 정책, 외교 전략, 안보 문제 같은 핵심 이슈도 마찬가지죠. 미국과의 관계를 재조정하자는 제안, 북한과의 실용적 외교, 독자적인 안보 전략 수립 같은 논의가 나오면, 그것이 타당한지 따지는 게 아니라 '반미'나 '종북'이라는 낙인이 먼저 찍힙니다. 이런 분위기에서는 실질적인 문제 해결보다는 감정적이고 선동적인 논쟁이 반복될 수밖에 없습니다.

이렇게 담론의 폭이 제한되면 극우세력이 힘을 넓히기 쉽습니다. 논의가 일정한 틀 안에서만 이루어질수록, 그 틀을 더 강화하는 극단적 목소리가 힘을 얻기 때문이죠. 극우세력은 안보 불안을 부추기고, 반대 진영을 국가의 적으로 몰아가며, 감정적인 선동을 통해 여론을 장악하려 합니다. 정치적 경쟁이 다양한 시각 속에서 이루어지는 것이 아니라, 애국과 배신, 충성과 전복 같은 이분법적 구도로 고착되는 겁니다. 극우의 성장이 극우만의 것이 아님을 알 수 있습니다. 우파의 단조로움이 극우에서 도드라진 면이 크니까요.

이런 환경에서는 건강한 민주주의의 발전을 기대하기 어렵습니다. 서로 다른 의견이 경쟁하며 더 나은 대안을 찾기보다는, 정해진 틀 안에서 같은 논쟁이 반복될 뿐이죠. 이 문제는 국내 정치에만 그치지 않습니다. 국제질서가 다극화하는 상황에서 한국이 외교적 유연성과 장기적인 전략을 마련하는 데도 걸림돌이 됩니다. 미국과의 관계 설정부터 북한 문제, 중국과 러시아를 바라보는 시각까지 모두 경직된 사고에 갇힐 가능성이 크죠. 그러니 한국의 우파가 강조하는 반공과 친미는 단순한 이념이 아니라, 한국사회 전체의 정치적 가능성을 제한하는 구조적 문제이기도 합니다.

8장

무엇이 그들을
태극기부대로 만들었나

극우의 성장 배경

이제 태극기부대가 성장한 배경과 원인을 살펴봐야 하겠습니다. 성장 과정을 돌아보며 일부 언급하기도 했습니다. 우선 바로 앞에서 언급한 우파의 사상이 있겠죠. 해방 후 우파가 계속 권력을 잡고 휘두르면서 우파의 사상, 즉 반공, 친미 사상이 남한 정체성의 큰 부분이 됐습니다. 이를 강조하는 세력은 언제나 있었고, 이것이 태극기부대 또는 극우가 자랄 자양분이 되었죠. 거기에 소위 '잃어버린 10년'이 있었습니다. 우파가 보기에 있을 수 없는 일이었습니다. 빨갱이가 나라님이 되다니요? 이때의 분노가, 우파 역풍의 주요 배경이 되었습니다. 그럼 여기에 더해 무엇이 그들을 태극기부대로 만들고 성장시켰는지 알아보겠습니다.

정치적 고립

친박세력이 태극기부대로 발전한 이유에는, 이미 논의했지만, 박근혜 전 대통령에 대한 신뢰와 애정 때문이었습니다. 이들은 박근혜 전 대통령이 어떠한 불법 행위도 저지르지 않았다고 확신하며, 탄핵 과정 전체를 깊은 불만의 시선으로 바라봤습니다. 박 전 대통령에 대한 모든 혐의와 법적 제재가 근거 없는 정치적 음모라 여겼죠.

"가족도 없는 사람이 무슨 돈을 받는다고 그래. 받은 돈이 없어"(60대 여성).

그런 이들에게 탄핵 반대는 기존 정치권과 사회제도에 대한 반감으로 이어졌죠.

"어쩌겠어. 나라도 나와서 싸워야지. 불쌍한 우리 대통령을 아무도 안 지켜줘"(60대 여성).
"석방이 안 될 수도 있지. 그래도 싸워야 해. 일본한테 나라를 싸워보지도 않고 빼앗겼잖아. 똑같이 당할 순 없어"(60대 남성).
"헌법이 무너졌어. 국회의원들은 자기들 배만 채우지"(60대 여성 리더).
"법치가 끝났어. 이제 정의란 게 없어. 나라가 베네수엘라처럼 될 거야"(70대 남성).
"좌파 기득권층을 무너뜨려야 해. 그리고 우리 우파 안에 숨어 있는 빨갱이들도 다 찾아내야 해. 이 싸움은 고독하고 힘들 거야. 하지만 난 있으면 총이라도 들 거야"(60대 남성).

태극기부대는 탄핵을 주도한 야당뿐만 아니라 박 전

대통령을 버린 여당에도 격렬한 비난을 쏟아냈습니다. 특히 탄핵에 동참한 여당 의원들에 대한 반감이 컸죠. 탄핵 표결이 예상보다 쉽게 가결된 것은 많은 여당 의원들이 참여했기 때문이었습니다. 태극기부대는 이들이 야당과 공조해 박근혜 대통령을 배신했다고 맹비난했습니다. 그래서 태극기 집회를 가보면 자유한국당을 향한 분노가 가장 크기도 했습니다. 당의 해체를 요구하는 구호나 주장이 흔했습니다. 오히려 민주당에 대한 언급은 상대적으로 적었습니다. 문제는 이런 상황이 태극기부대의 정치적 고립으로 이어졌다는 점입니다. 여당조차 박근혜 대통령에게 등을 돌린 상황에서 그 왼쪽 정당들(국민의당, 민주당, 정의당)이 그들의 말을 경청할 리는 없었죠. 물론 여당 오른쪽에는 아무 정당도 없었습니다. 즉 일부 친박계를 제외하고서는 이들의 목소리와 분노를 대변할 제도권 정치세력이 전무했던 셈이죠. 이들로서는 정치적 고립이 뼈아플 수밖에 없었습니다. 제도권 테두리에서 답을 찾을 수 없었던 이들은 자연스레 거리로 나가는 선택을 할 수밖에 없었죠.

친박세력의 과격화, 태극기부대로의 성장, 극우의 발전, 이 모든 것을 정치적 고립 하나로 설명할 수는 없습니다. 하지만 이들의 정치적 고립을 논하지 않고서는 이를 이해할 수 없죠. 소수 세력에게 정치적 고립은 이들만의 문제는 아닙니다. 한국 정치는 기본적으로 양당제로 운영되고 있습니다. 어느 선거든 민주당계 정당과 민자당계 정당의 대결이라고 볼 수 있죠. 정주영을 시작으로 안철수까지 제3당의 후보가 아무리 유명하고 선전해도 일회성으로 끝났습니다. 정의당 등 소수 정당이 겨우 명맥만 유지하는 것도 비슷하죠. 승자가 딱 하나인 소선구제가 기본인 현 제도에서는 어쩔 수 없는 결과입니다. 유권자는 사표를 방지하기 위해 이상적인 후보보다는 당선 가능성이 있는 현실적 후보에게 투표할 공산이 크죠. 이를 아는 정치인도 기왕이면 중도 양당 간판을 달고 싶어 합니다. 결국, 제도가 양당을 키우게 되는 꼴이죠. 정당들도 중도층 표를 노리고 중도화됩니다. 이렇게 커간 양당제는 중도층이 아닌 유권자(극단 좌우)에게 마땅한 선택지를 주지 않습니다. 극우, 극좌 모두 제도권 내에서 목소리를 낼 수 없으니 침묵하거나, 제도권 밖으로 나갈 수밖에 없죠.

그렇다고 이런 사람들에게 정치적 목소리를 주자는 소리냐고 반대 목소리를 낼 수도 있습니다. 말도 안 되는 주장, 근거 없는 불만, 심지어는 위험한 발언까지 굳이 들어줄 필요가 있느냐는 거죠. 모든 불만이 인정받을 가치가 있는 것도 아니고, 모든 목소리가 민주적 토론에 건설적으로 기여하는 것도 아닙니다. 하지만 역사를 보면, 어떤 목소리를 억누른다고 해서 그것이 꼭 사라지는 것은 아닙니다. 오히려 오랫동안 외면당한 사람들은 점점 더 좌절하고, 그 좌절이 쌓이면 결국 분노로 변하죠. 시간이 흐를수록 이 소외감은 더욱 깊어지고, 마침내 극단적인 방식으로 표출될 가능성이 커집니다. 태극기부대의 성장도 이런 면이 있습니다. 단기적으로는 이런 목소리를 무시하는 것이 정당해 보일 수도 있지만, 장기적으로 보면 해결되지 않은 불만은 언제든 예상치 못한 방식으로 되돌아올 수 있습니다. 결국 민주주의에서 중요한 것은 이들의 주장을 받아들이는 것이 아니라, 그들이 왜 그런 생각을 하게 되었는지를 이해하고, 정치적 분열이 더 큰 갈등으로 번지는 것을 미리 방지하는 것이겠죠.

경제적 고립

태극기부대의 정치적 고립은 경제적 어려움과 맞물리며 정치적 동력을 키웠습니다. 비슷한 사례는 역사에 흔합니다. 1917년 러시아혁명은 여성 공장 노동자들의 분노에서 시작됐고, 1959년 쿠바혁명의 배경에는 극심한 빈부격차가 있었습니다. 미국에서는 지역 경제가 무너지면서 극우세력이 성장했고, 결국 2021년 1월 6일 의회 폭동으로 이어졌습니다. 한국도 마찬가지입니다. 태극기부대의 핵심을 이루는 한국 노년층의 경제적 사정은 수치로 잘 나타납니다. 2020년 노인의 상대적 빈곤율은 40.4%로, OECD(경제협력개발기구) 국가 중 가장 높습니다. 게다가 한국이 노인빈곤율을 집계하기 시작한 2011년 이후, 줄곧 OECD 1위를 지켜왔습니다. 2011년의 빈곤율은 무려 47.8%에 달해, 한국 노인의 거의 절반이 국민 중위소득의 절반에도 못 미치는 생활을 하고 있었습니다. 2019년 기준 OECD 평균 노인빈곤율은 14.9%였죠. 한국의 빈곤율(44.42%)은 이보다 세 배 이상 높아, 통계적으로도 매우 이례적인 수준이었습니다.

노인 빈곤에서 오는 박탈감은 한국 경제의 성장과 맞물려 더 심각한 문제가 됩니다. 2017년 한국은 세계 11위 경제 대국이었죠. 국내총생산(GDP)은 1조 6000억 달러에 달했고, 1인당 GDP도 3만 1600달러였습니다. 이탈리아(3만 5030달러)와 큰 차이도 없었죠. 서부 유럽 어디에 놓아도 경제적으로 뒤처지지 않는 나라입니다. 그런데도 한국 노인층의 빈곤율은 세계에서 가장 높은 수준입니다. 경제가 커질수록 이들의 삶은 더 초라해지죠. 강남 거리는 외제 차로 가득한데, 그 길 한편에서는 폐지를 줍는 노인들이 있습니다. 초고층 빌딩이 올라가고 밤거리가 더 화려해질수록, 그 안에 끼지 못한 노인들의 소외감은 깊어질 수밖에 없습니다.

그 결과, 노년층의 우울증이 심각한 수준에 이르렀습니다. 한 전국 단위 연구에서 노인 4명 중 1명이 우울증을 겪는 것으로 나타났죠. 특히 경제적 어려움을 겪는 노인들의 우울증 비율은 더 높았습니다. 저소득층 노인의 36%, 주거 불안정 노인의 47.5%, 의료비 부담이 큰 노인의 44.8%가 우울증을 경험했죠. 단순한 경제적 불안이 아니라, 삶 자체가 무너지는 경험입니다. 이는 노년층 자살 문제로 이어졌습니다. 한국의 노인자살률은 OECD 국가 중 압도적 1위입니다. 2018년 OECD 평균 노인자살률이 10만 명당 11.5명이지만, 한국은 24.7명이죠. 일본(15.2명), 영국(7.3명), 튀르키예(2.6명)와 비교해도 극명한 차이가 납니다. 한강의 기적을 일군 세대가 노후에는 가장 취약한 계층이 되어버린 겁니다.

노년층의 경제적 고충은 하루아침에 생긴 문제가 아닙니다. 오랜 시간 방치되었고, 그만큼 더 악화되었죠. 한국 경제는 크게 성장했지만, 그 혜택이 노년층에게까지 고르게 퍼지진 않았습니다. 이 문제의 책임을 한 정당이나 특정 정부에 돌릴 수는 없습니다. 역대 정부와 여야 모두 책임에서 벗어날 수 없죠. 보수 정권은 경제성장과 복지의 균형을 강조했지만, 노인 빈곤 문제를 해결할 만큼 복지를 확장하지 못했습니다. 진보 정권은 복지 강화를 외치며 여러 정책을 내놨지만, 결국 노년층의 구조적 빈곤을 뿌리 뽑지는 못했죠.

　가족 부양 체계의 변화도 문제를 더 키웠습니다. 과거에는 자녀나 친척이 노년층을 부양하는 게 당연했지만, 빠른 산업화와 도시화로 핵가족화가 진행되면서 그걸 기대하기 어려워졌습니다. 그런데도 국가의 역할은 충분히 확대되지 않았죠. 결국, 노년층을 주요 지지층으로 둔 보수정당도, 복지를 강조하는 진보정당도 빠르게 악화되는 노인 빈곤 문제를 효과적으로 해결하지 못했습니다. 시간이 갈수록 상황은 더 심각해지는데 그 누구도 근본적인 해결책을 내놓지 못한 거죠. 그러는 사이, 이들의 불만은 쌓여만 갔습니다. 어디선가 터질 가능성이 컸죠.

태극기부대의 조직력

　태극기부대가 성장할 조건이 차올랐고, 박근혜의 탄핵이 불을 댕겼다고 할 수 있습니다. 불을 댕기는 데 성냥이나 라이터가 필요하듯, 박근혜 탄핵에도 이들을 조직화할 힘이 필요했습니다. 태극기부대에는 지도자가 없다고 묘사되곤 했지만, 사실 여러 조직을 통해 활동한 지도자 네트워크에 의해 이끌리고 있었습니다. 태극기부대의 등장과 성장 모두 이 지도자들의 헌신적인 조직 작업 없이는 불가능했습니다.

그들은 사람들을 모으고, 공동체 의식을 키우며, 자원과 정보를 관리했습니다. 비용을 치르며 행사와 활동을 조직했으며, 이것이 태극기부대의 형성과 성장에 중요한 역할을 했습니다. 사람들이 상호작용하고 경험을 나누며 서로를 지지할 수 있는 플랫폼을 제공했던 것이죠.

조직화는 운동 초기부터 중요했습니다. '에스더기도운동'은 그중 하나입니다. 2016년 11월 6일 박근혜 지지를 위한 기도회가 시작됐죠. 불과 4일 후, 이들은 박근혜의 퇴진을 반대하는 첫 번째 시위 모임인 '새로운 대한민국을 위한 집회'를 시작했습니다. 박사모도 빼놓을 수 없습니다. 박근혜의 탄핵 이후, 박사모는 서울역 앞에서 집회를 열었고, '전면 동원 명령'을 통해 지지자들을 모았죠. 이들 조직의 지도자들은 행사 장소를 결정하고, 집회 관련 중요한 정보를 관리하며, 경찰의 허가를 받는 일 등을 맡았습니다. 또한, 집회에서 모금 활동을 통해 재정적인 측면을 처리하기도 했습니다. 이후, 앞에서 살펴본 주요 태극기 조직들은 박근혜의 몰락과 그 이후 모든 시기 동안 이 운동을 이끌며, 연대하거나 독립적으로 활동했습니다.

조직력을 논할 때 대한애국당도 빼놓을 수 없겠죠. 앞서 언급했듯이, 조원진의 대한애국당(이후 우리공화당)은 선거에서는 참패했지만, 시위에서는 성공적이었습니다. 매주

1000여 명의 참가자를 모았죠. 토요일 정오가 되면 서울역 광장에 당원과 지지자들이 모였습니다. 테이블을 꾸리고, 스피커를 설치했죠. 전단지를 나눠주고, 현수막을 내걸었습니다. 장비 점검, 연설자와 공연자 명단 확인도 이들의 몫이었습니다. 대형 스크린과 앰프를 준비해 무대에서 멀리 떨어진 참석자들까지 고려했죠. 연설이 끝나면 행진을 이끌었습니다. 트럭에 올라 구호를 외치고, 음악을 틀어 분위기를 띄웠죠. 이들은 다른 조직의 리더들과 집회 전후로 끊임없이 연락하며 현장을 지휘했습니다. 행진의 시작 시점, 선두와 후미를 누가 맡을지, 목적지에 언제 도착할지를 결정했죠. 이런 조정이 질서를 유지하고, 운동의 활력을 유지하는 데 핵심적인 역할을 했습니다. 이 패턴은 매주 토요일 반복되었고, 2019년 8월 3일에는 136번째 토요일 집회가 열렸습니다. 대한애국당을 비롯한 주요 단체의 조직력이 없었다면 불가능했습니다.

태극기부대의 전략적 결정도 주요했죠. 이들은 촛불시위 참가자들이 사용했던 전략을 받아들였습니다. 그 전략의 근원은 민주화운동에서 찾을 수 있죠. 반정부 시위는 1980~1990년대 학생과 노동자들 사이에서 반복됐습니다. 집회를 열어 사람을 모으고, 행진을 이어가며 대중에게 메시지를 전달했습니다. 당시 흔한 풍경이었고, 그만큼 검증

된 전략이었죠. 실제로 민주화를 이끌 만큼 효과적이었습니다. 태극기부대는 이 전략을 그대로 활용했죠. 한 지도자는 "우리는 그들이 한 것을 따라" 했다고 솔직히 인정하기도 했습니다. 태극기부대의 시위 방식도 마찬가지입니다. 집회와 행진을 반복하면서 단합을 다지고, 세를 과시했죠. 이런 반복을 통해 시위는 지도자와 참가자 모두에게 익숙해졌습니다. 덕분에 동원 과정이 효율적이었고, 지도자들이 참가자들을 일일이 안내할 필요도 없었죠. 참가자들은 여러 차례 시위를 거치며 행동을 몸에 익혔고, 정해진 루틴에 따라 자연스럽게 움직였습니다.

불, 초상화, 동상, 국기 같은 상징은 사회적 격변과 시위에서 중요한 역할을 합니다. 시위대의 정체성을 드러내고 강화하는 역할을 합니다. 자긍심을 높여주고, 대오를 유지하는 기능도 하죠. 2014년 홍콩 민주화 시위에서 시위자들은 물대포와 최루탄을 피하려고 우산을 사용했습니다. 이후 '우산혁명'이라고 불리게 됐죠. 2004년 우크라이나에서 부정선거에 반대하며 야당은 오렌지색을 내세웠습니다. 오렌지색 국기, 풍선, 배너를 들고 시위를 이어갔는데, 이 운동은 '오렌지혁명'이라고 불렸습니다. 한국에서는 태극기가 반정부 시위에서 중요한 역할을 해왔습니다. 1980~1990년대 학생과 노동자들은 태극기를 흔들고 애국가를 부르며 시위를 했죠. 하지만 2016년에는 상황이 달랐습니다. 친박세력이 태극기를 선점하며 자신들이 진정한 애국자라고 주장했습니다. 2016년 11월 19일, 첫 번째 시위에서 이들은 촛불시위 참가자들과 차별을 두려고 태극기를 내세웠습니다. 이후 태극기는 박 대통령 지지자들의 상징이 되었고, 그들의 시위에서 빠지지 않았죠. 이들을 '태극기부대'로 불렀고, 상징이 강해진 만큼 대중의 반감도 커졌습니다. 실제로 국경일에 집에 태극기를 거는 사람이 크게 줄었다는 보도도 나왔죠.

성조기도 태극기부대의 주요 상징이 됐습니다. 성조기의 등장은 한국 대중뿐 아니라 외신에서도 의아하게 생각하는 장면이죠. 박근혜의 탄핵과 무관해 보일뿐더러, 너무 생뚱맞았기 때문입니다. 하지만 태극기부대에게는 전혀 이상할 게 없었습니다. 앞서 봤듯, 반공과 친미는 보수의 핵심 가치였고, 극우세력의 정체성이었으니까요. 태극기부대에게 좌파 정권은 단순한 정치적 상대가 아니었습니다. 그들의 정체성과 국가 안보를 위협하는 존재였죠. 반공과 친미는 곧 대한민국의 기초였고, 박근혜의 몰락은 단순한 정치적 스캔들이 아니라 국가적 위기로 받아들여졌습니다. 그러니 성조기는 이들에게 애국심의 상징이 될 수밖에요. 동시에 한국사회에서 미국의 지배적인 존재감을 보여주는 도구이기도 했고, 우월감의 표현이기도 했습니다. 사랑제일교회의 시위에서 영어 통역이 등장하는 것도 같은 맥락입니다. 영어가 필요 없는 사람들에게 알아듣기 힘든 영어 통역을 퍼붓는 것 자체가 정치적 메시지죠. 성조기를 흔드는 것과 같은 의미입니다. "우리는 미국과 친해. 감히 덤비지 마."

그들만의 소통 창구

효과적인 소통은 어떤 조직에서든 필수적입니다. 정부를 상대로 한 투쟁에서는 더욱 그렇죠. 빠르고 정확한 정보가 공유되지 않으면 상대적으로 강한 정부를 상대하기 어렵습니다. 1980년대 반정부 운동에서 등사기가 중요한 도구였던 이유도, 2011년 이집트 혁명이 '페이스북 혁명'으로 불린 이유도 여기에 있습니다. 정치판에서도 사정은 다르지 않습니다. 적은 비용으로 더 많은 사람에게 메시지를 전달하는 건 언제나 핵심 과제였죠. 노무현 지지자들은 이를 인터넷 팬카페라는, 당시로선 혁신적인 방법으로 해결했습니다. 그의 정치적 성공에서 중요한 요소였죠. 이후 온라인 포럼은 정치인과 지지자들이 대중과 소통하는 공간으로 자리 잡았습니다. 하지만 이런 변화는 고령층에게는 쉽지 않은 일이었습니다. 컴퓨터 사용, 인터넷 접속, 커뮤니티 가입, 댓글 작성, 이 모든 것이 쉽지 않았죠. 그 결과, 온라인 정치 공간은 젊고 진보적인 유권자들의 무대가 되었습니다. 그러나 카카오톡과 유튜브의 등장은 이 장벽을 허물었습니다. 보수적인 고령층도 이제는 즉각적이고 광범위한 온라인 정치 담론에 참여할 수 있게 된 것이죠.

카카오톡과 유튜브는 태극기부대의 정치적 관점 형성에 핵심적 역할을 했습니다. 카카오톡 단체 채팅방에서는 몇몇 사용자가 정치적 메시지를 집중적으로 전파했죠. 이들은 보수 정치인의 콘텐츠를 공유하고, 민주당을 비판하는 내용을 확산시키며, 참여자들에게 행동을 촉구합니다. 동시에 주류 미디어가 편향되었다고 주장하며, "진짜 진실"을 퍼뜨려야 한다고 강조하죠. 이런 메시지를 받아들인 사람들은 카카오톡에서 받은 콘텐츠를 다시 다른 이들과 공유하며 더욱 적극적으로 정치에 개입합니다. 이러한 소통 방식은 카카오톡을 넘어 유튜브로 확산됐습니다. 유튜브에서는 극우 인플루언서들이 주류 미디어가 다루지 않는다고 주장하는 이야기들을 전하죠. 근거 없는 음모론이나 과장된 시나리오도 많습니다. 예를 들어, 몇몇 태극기 유튜버들은 북한이 박근혜 탄핵을 돕기 위해 비밀 요원을 보냈다고 주장했습니다. 2017년 초, 박 대통령의 탄핵이 가시화되면서 태극기부대는 기존 방송을 더 멀리했습니다. 대신 유튜브를 통해 대안을 찾기 시작했죠. 극우 유튜브 채널들은 태극기부대와 긴밀한 관계를 형성하며, 이들이 듣고자 하는 '뉴스'를 퍼뜨렸습니다.

더 나아가 유튜브는 시위와 활동을 격려하며 태극기 운동에 직접 관여하기도 하는 등 중요한 역할을 했습니다. 대표적인 예가 〈신의한수〉라는 채널입니다. 145만 명의 구독자를 보유한 이 채널은 태극기부대의 핵심 플랫폼이 되었죠. 진행자는 지속적으로 구독자들에게 시위 참여를 독려하며 영향력을 확대했습니다. 이런 거대 채널뿐 아니라 개인 채널도 수두룩하게 생겨났습니다. 수많은 유튜버들이 태극기집회 주변을 에워싸고 있죠. 집회 참가자들과 익숙해 보이는 이들도 많았습니다. 서로 반갑게 인사하고, 음료나 음식을 나누기도 합니다. 거꾸로 이들은 현장 중계를 통해 태극기 운동 유지에 일조하는 역할을 했습니다. 이들 덕에 태극기부대의 목소리가 더 많은 이에게 전파될 수 있었죠. 공감대를 확장하고, 유대감을 강화하는 데 결정적인 역할을 했습니다. 다음에 열릴 집회에 대한 정보도 이들을 통해 퍼져갔습니다. 집회에 참여하고자 하는 누구나 필요한 정보를 쉽게 찾을 수 있었죠. 유튜버들의 활동과 카톡 없이는 태극기부대가 그렇게까지 세력화되기는 힘들었을 겁니다.

그들만의 시위 문화, 그리고 유튜브

시위 같은 활동은 공적인 목표를 내세웁니다. 하지만 대의만으로 사람들의 참여를 끌어내기는 어렵죠. 1980년대 민주화운동을 지지했던 많은 사람들도 대부분의 시간을 민주화운동이 아닌 일상적인 활동에 썼습니다. 수업을 듣고, 직장을 다녔죠. 민주화운동은 위험했고, 그 위험을 감수하는 역할을 누군가가 대신해주고 있었습니다. 게다가 민주화가 성공할 가능성도 불확실했죠. 설령 민주화가 이루어진다고 해도, 그 혜택은 모두가 나누는 공공재public good였습니다. 그렇다면 개인이 굳이 위험을 감수하며 나설 이유는 크지 않았죠. 결국, 대의가 있는 운동이라도 적극적으로 나서는 사람은 소수일 수밖에 없습니다. 하지만 만약 참여가 배타적 보상을 가져온다면 이야기는 달라지죠. 독재 타도와 민주주의 같은 공적 보상 외에도, 참여자만이 누릴 수 있는 배타적 보상이 있다면 더 많은 사람이 운동에 나설 겁니다. 그 보상은 장학금이나 학점 같은 물질적인 것일 수도 있고, 동료들의 인정이나 자긍심 같은 심리적인 것일 수도 있습니다. 동지애, 뒤풀이 같은 경험도 중요합니다. 이런 배타적 보상private gain은 운동을 지속하고 성장시키는 데 핵심입니다.

한국 시위 문화가 발전하는 데 결정적인 역할을 한 것도 배타적 보상의 변화였습니다. 민주화 이후 시위가 제공한 가장 강력한 배타적 보상은 바로 축제 같은 분위기죠. 집회 현장에서는 사람들이 노래를 부르고, 함께 즐기는 모습이 펼쳐졌습니다. 교복을 입은 청소년들, 유모차를 밀고 나온 어머니들, 아이를 어깨에 태운 아버지들까지, 다양한 연령대의 참가자들이 인기 있는 노래를 따라 부르며 시위를 하나의 공동체적 경험으로 만들었습니다. 특히 유명 가수와 공연자들이 무대에 오르면서, 시위 현장은 정치적 항의의 장을 넘어 마치 휴일에 열리는 축제 같은 공간이 되었죠. 이 변화가 절정을 찍은 건 2008년 이명박 정부의 미국산 쇠고기 수입 반대 촛불집회 때였습니다. 서울 도심의 시위 장소는 가족 친화적인 공간으로 변모했고, 그 덕분에 더 많은 시민이 부담 없이 참여할 수 있었습니다. 시위 현장에서만 느낄 수 있는 즐거움과 유대감, 이것이 이후 촛불시위를 하나의 정형화된 집회 형태로 자리 잡게 한 결정적인 요인이었습니다.

태극기집회도 이런 방식을 적극적으로 활용했습니다. 시간이 지나면서 점점 축제적인 요소가 강조됐죠. 음악은 집회의 중요한 요소가 됐습니다. 대규모 행사에서는 전문 공연자들이 노래와 춤으로 분위기를 띄웠고, 소규모 집회에서는 개별 공연자가 노래 몇 곡을 부르며 참가자들의 호응을 유도했습니다. 심지어 연설자들까지 가끔 노래를 부르며 분위기를 달궜죠. 사람들은 손뼉을 치고 함께 웃으며 그 순간을 즐겼습니다. 서로 동료애를 나누고 함께하는 시간을 소중히 여기는 모습은 마치 오랜 친구들이 모인 자리 같았습니다. 한 참석자는 이렇게 말했습니다. "나는 여기서 친구들을 만나려고 와요. 집에 있으면 할 일이 없거든요. 이렇게 친구들도 만나고 자주 볼 수 있어 좋죠."

실제로 집회 전후의 모습은 아이들의 소풍과 다를 바 없었습니다. "지난주엔 왜 안 보였냐"는 인사가 오고, 서로의 안부를 묻는 풍경이 자연스러웠습니다. 정치적 토론도 있었지만, 대부분의 대화는 사적인 이야기들이었죠. 몇 년을 매주 함께하다 보니 깊은 우정도 쌓인 모습이었습니다. 한국사회에서 노년층의 고립이 심각한 문제로 떠오르는 가운데, 태극기집회는 이들에게 연대와 우정을 쌓을 기회를 제공하고 있었습니다.

금전적 이득도 중요한 요소입니다. 유튜브 활동은 수익으로 이어질 수 있고, 이는 태극기 운동에 나서야만 얻을 수 있는 배타적 보상이죠. 실제로 태극기 운동이 활발하던 2020년 극우 채널 〈가로세로연구소〉는 슈퍼챗으로 8억 원이 넘는 수익을 기록하며 전 세계 1위(7월 19일 기준)에 올랐습니다. 여기에 광고 수익까지 고려하면 규모는 더 커지겠죠. 한 분석에 따르면 이 채널의 월 광고 수익은 약 5000만 원으로 추정됐습니다. 여기에 부정선거 의혹을 제기하며 진행한 펀딩(목표액 24억 원), 방송 중 안내되는 후원 계좌, 그리고 매달 1만 원 이상씩 정기 후원하는 구독자들까지 합하면 한 달 수익이 수억 원에 이를 것으로 보입니다. 이런 흐름 속에서 부정선거 의혹을 주장하는 유튜브 채널들은 빠르게 성장했습니다. 〈신의한수〉〈너알아TV〉〈공병호TV〉 같은 채널들은 비슷한 주장으로 수억 원대의 수익을 올렸습니다. 그 외에 개인이나 소규모로 활동하며 제한적인 수익만 올리는 이들도 수두룩했죠. 적은 수입이라도 태극기 운동에 참여할 동기로서는 충분할 수 있습니다.

태극기부대의 부상은 여러 요인이 복합적으로 맞물린 결과였습니다. 경제적 어려움, 정부 정책, 그리고 사회적 소외감이 고령층 사이에서 불만을 키웠죠. 이들은 정치적 환경에서 점점 더 고립되고 있었습니다. 하지만 이 불만이 효과적인 동원 전략과 결합하면서 태극기부대 운동은 본격적으로 힘을 얻었습니다. 이들은 기존의 시위 전술을 차용하면서도 자신들의 요구에 맞게 변형해 활용했습니다. 집회를 전략적으로 조직하고, 소통의 장을 마련하며, 단합된 분위기를 조성했죠. 또한 음악과 상징을 적극적으로 활용해 집회를 더 매력적이고 참여적인 행사로 만들었습니다. 이는 단순한 시위를 넘어 지역사회 중심의 모임처럼 작동하게 했죠. 배타적 이익은 참여할 동기를 더 불어넣었습니다. 결국 태극기부대는 불만, 고립, 그리고 조직적 동원의 조합이 작동해 성장할 수 있었습니다. 이들은 자신들의 목소리를 내기 위해 빠르게 결집했고, 효과적으로 힘을 모았습니다.

9장

한국 극우의 새로운 흐름
청년 남성의 등장과 중국 혐오

태극기부대는 변하고 있습니다. 사실 한동안 극우세력은 힘이 빠져 있었죠. 윤석열이 대통령이 된 것도 한몫했습니다. 윤 대통령은 정치를 설득이나 타협이 아닌 전선 만들기와 공격의 영역으로 여겼습니다. 민주당, 이재명, 의사 집단까지 직접 표적이 되었죠. 이렇게 정권이 직접 소위 좌파들을 공격하자, 극우의 '거리 정치'는 설 자리를 잃었습니다. 박근혜 정권을 무너뜨린 종북좌파에 대한 적개심으로 뭉쳤던 태극기부대에게 문재인 정부의 퇴장은 결정타가 되었습니다. 싸울 상대가 사라졌고, 정치적 동력은 자연스럽게 약해졌죠. 몇 년째 이어진 거리 시위는 피로를 쌓이게 했고, 참석자는 점점 줄어들었습니다. 그렇게 예전의 기세는 빠르게 사그라들었습니다.

그런데 2024년 12월의 계엄이 모든 걸 바꿨습니다. 이후 벌어진 정치 혼란은 극우에게 새로운 기회를 열어주었죠. 극우는 다시 결집했습니다. 거리에 나섰고, 더 과격해졌죠. 자신감도 넘쳤습니다. 폭력도 주저하지 않았습니다. 조직적으로 움직였고, 메시지도 뚜렷했죠. 무엇보다 이전보다 더 '서구형 극우'와 닮은 모습을 보였습니다. 인종주의, 반이민 정서 등이 뚜렷하게 드러났습니다. 단순한 태극기 시위대를 넘어선 양상이었죠.

반중 정서

이전 태극기부대와 가장 다른 점은 반중 정서, 심하게는 중국 혐오입니다. 태극기부대가 더 이상 박근혜 시대에 머물지 않고 있다는 신호처럼 보이기도 합니다. 과거 박근혜 정부와 중국의 관계는 좋았습니다. 2015년 9월 3일, 베이징에서 열린 전승절 행사가 좋은 예입니다. 중국이 일본에 대한 승리를 기념하는 날이었고, 70주년을 맞아 대규모 열병식이 열렸죠. 박 대통령은 시진핑 주석, 푸틴 대통령과 함께 천안문에 올라 그 장면을 지켜봤습니다. 서방 국가나 동맹 정상 중에선 거의 유일한 참석자였습니다. 미국과 일본은 같은 날 대규모 상륙 훈련을 실시하며 불편한 기색을 숨기지 않았죠. 그만큼 당시 서울과 베이징의 관계는 가까웠습니다. 물론 갈등도 있었습니다. 사드 배치, 동북공정, 북한 문제 등 중국에 대한 비판은 있었죠. 하지만 그 시절의 비판은 아직 혐오로까지 번지진 않았습니다.

코로나19 이후 분위기가 달라졌습니다. 중국 혐오가 떠오르기 시작했습니다. 중국인을 바이러스 보균자로 전제하고, 코로나바이러스를 만들고 퍼뜨린 기원으로 중국을 지목하는 담론도 퍼졌죠. 청와대 국민청원 게시판에는 '중국인 입국 금지' 요청이 쇄도했고, '중국인 출입 금지'를 내건 식당까지 등장했습니다. 과학자들은 그런 주장을 부정했지만 별로 중요하지 않았습니다. 불안을 비난으로 해소하고자 하는 욕망 앞에서 사실과 과학은 설 자리를 잃었죠. 한 여론조사는 이 반중 정서가 얼마나 널리 퍼졌는지를 보여줬습니다. 2021년 5월에 진행된 조사인데, 코로나19 발생 이후 시간이 한참 지났는데도 혐오는 여전했습니다. 보수와 진보, 소득수준과 상관없이 반중 감정은 강했습니다. 일본이나 북한보다 중국이 더 싫다는 응답도 나왔습니다. 반일 감정이 뿌리 깊은 사회에서, 꽤 놀라운 변화였죠.

반중 정서는 한 번 불붙자 걷잡을 수 없었습니다. 우리 편과 남을 가르는 데 익숙한 극우에게 중국은 안성맞춤의 적이었습니다. 일본을 비난하면 좌파와 입장이 겹칩니다. 좌파나 종북만 탓하자니 한계가 있었죠. 그 틈을 중국이 메웠습니다. 각종 음모론이 꼬리에 꼬리를 물었습니다. 비극적 사고와 범죄에 '중국 배후설'이 따라붙었죠. 의사들이 집단행동을 하자, "의료계를 화교가 장악해서 그렇다"는 주장도 나왔죠. 심지어 이태원참사가 압사 사고가 아니라는 황당한 소문이 극우 층에 퍼졌습니다. 윤석열 정부를 흔들려는 중국의 테러였다는 겁니다. 중국의 선거 개입설도 빠지지 않았습니다. 사전투표 조작설이 대표적입니다. 중국 기업의 장비를 이용해 데이터를 중국으로 전송하고, 거기서 조작을 했다는 주장이었죠. 개표분류기가 중국산이라 조작이 가능하다는 말도 반복됐습니다. 여론 조작설도 계속 나왔습니다. 한국은 중국인 비율이 높고, 그중 수십만 명이 한국어를 할 줄 안다는 점이 '근거'로 제시됐죠. 그래서 여론을 바꾸는 일이 아주 쉽다, 중국공산당이 총선에서 친중 정당을 이기게 하려고 이를 활용했다는 식이었습니다.

탄핵 정국은 반중 언어를 정치권 한가운데로 끌고 들어왔습니다. 대통령이 앞장서면서 더 충격을 안겨줬죠. 12월 12일 담화에서 윤석열은 중국을 계엄 포고 이유로 지목했습니다.

> 지난 6월 중국인 3명이 드론을 띄워 부산에 정박 중이던 미국 항공모함을 촬영하다 적발된 사건이 있었습니다. 이들의 스마트폰과 노트북에서는 최소 2년 이상 한국의 군사 시설들을 촬영한 사진들이 발견되었습니다. 지난달에는 40대 중국인이 드론으로 국정원을 촬영하다 붙잡혔습니다. 이 사람은 중국에서 입국하자마자 곧장 국정원으로 가서 이 같은 일을 벌인 것으로 확인됐습니다. 하지만, 현행 법률로는 외국인의 간첩 행위를 간첩죄로 처벌할 길이 없습니다.

한마디로 중국 간첩이 암약하고 있다는 주장이었죠.

게다가 그는 "원전산업, 반도체산업을 비롯한 미래 성장 동력은 고사될 것이고, 중국산 태양광 시설들이 전국의 삼림을 파괴할 것입니다"라며 중국발 위협을 이어나갔습니다. 계엄을 선포한 이유로도 맞지 않고, 그런 주장을 하게 된 배경을 이해하기도 힘들었죠. 어처구니가 없었지만, 윤의 머릿속에 중국발 위협이 가득했음을 짐작할 수는 있었습니다.

비슷한 주장은 탄핵 법정에서도 이어졌습니다. 윤석열 대통령의 대리인 차기환 변호사가 "2019년 7월 민주당 민주연구원이 중국공산당 중앙당교와 교류 협력 추진 계약을 체결하였습니다"라고 주장하는 등 '중국'을 계속해서 들먹였죠.

대통령이 앞장서자 중국 음모론은 걷잡을 수 없이 퍼져나갔습니다. 극우 유사 매체들과 유튜버들은 기다렸다는 듯 '중국 간첩설'을 퍼나르기 시작했죠. 중국과 중국인을 겨냥한 혐오와 가짜뉴스가 들불처럼 번져나갔습니다. 가장 많이 퍼진 가짜뉴스는 '선관위 중국인 간첩 99명 체포설'이었습니다. 2025년 1월 16일, 극우 매체 《스카이데일리》의 보도가 시작이었죠. 그 신문은 "12·3 내란 당일, 중앙선거관리위원회 선거연수원에서 중국인 간첩 99명이 체포됐다"고 주장했습니다. 거기서 그치지 않았습니다. "미군과 미국 국방정보국(DIA)이 공조해 간첩들을 주일 미군기지로 압송했다"는 후속 보도까지 내보냈습니다. 중국 가짜뉴스는 꼬리에 꼬리를 물고 이어졌죠. "선관위 직원이 중국인이다." "헌법재판소 근무자가 중국인이다." 심지어 "윤석열을 비판하는 언론인은 중국인이다"라는 주장까지 등장했죠. 거짓은 갈수록 더 엉뚱하고 집요해졌습니다.

친윤 시위대는 즉각 반응했습니다. 용산 관저 주변을 지나가던 중국인을 위협하고, 이들의 존재를 중국 음모로 몰아갔죠. 탄핵을 찬성하는 시위에 중국인이 대거 참여하고 있다는 소문도 삽시간에 퍼졌습니다. 심지어 시위 현장의 경찰도 중국 공안으로 몰았습니다. 중국 공안이 한국 경찰로 활약하며 친윤 시위를 억압하고 있다는 황당한 소리였죠. 친윤 시위대는 경찰관을 붙잡고 관등성명을 묻고, 한국말을 해보라며 시비를 걸었습니다. 하다 하다 자기 집회 참가자까지 의심하기 시작했죠. 친윤 집회에 중국인이 끼어 있다는 소문이 이어졌습니다. 실제로 친윤 시위자 한 명이 외모가 중국인 같다는 이유로 주민등록증을 공개하라고 강요받고, 한국말을 해보라는 요구까지 들었습니다.

시위 참가자만 이런 게 아니었습니다. 국민의힘도 중국 음모론 보급에 적극적이었습니다. 김민전 의원은 '다수의 중국인이 윤석열 대통령 탄핵 찬성 집회에 참여하고 있다'는 내용의 글을 자신의 소셜미디어에 공유했습니다. 관저 앞 탄핵 반대 집회 연단에 올랐을 때는 "중국인들이 탄핵 소추에 찬성한다고 나서고 있다"고 주장했죠. 박근혜 정부의 국무총리와 대통령 권한대행, 국민의힘 전신인 자유한국당 대표, 국민의힘 제20대 대통령 선거 예비후보였던 황교안도 바빴습니다. 부정선거가 횡횡했고, 그 뒤에 북한과 중국의 공작이 있다는 얘기를 이어갔습니다. 나경원 의원도 움직였습니다. 그는 헌법재판소와 중앙선거관리위원회 같은 기관에 외국인 임용을 막는 법안을 내겠다고 했습니다. 표면상으로는 제도 정비지만, 맥락은 달랐습니다. 특정 헌재 공무원이 중국인이라는 가짜뉴스가 퍼진 직후였죠. 사실과 달랐지만, 의심은 이미 퍼졌습니다. 그런 상황에서 여당 의원이 법안을 내겠다고 나선 겁니다. 헌재를 향한 공격에도, 혐중 정서에도 발맞춘 셈이었죠. 안철수도 비슷한 발언을 했습니다. 2025년 3월, 국회 외교통일위원회 전체회의에서 "중국 국적 유권자만 무려 11만 명이다"라고 지적했습니다. 선거 결과에 큰 영향을 줄 수 있는 규모라며, 정책적 대안이 필요하다고 했죠. 부정선거와 중국을 이으며 극우 선동과 장단을 맞췄습니다. 국민의힘 지도부도 이런 행태를 수수방관하면서, 사실상 음모론에 동참했습니다.

극우에 청년들이 모이는 이유

2030세대, 특히 이 세대 남성들의 극우 참여는 2024년 사태의 또 다른 주요 단면입니다. 이전까지 극우 시위 현장은 주로 60대 이상 고령층의 전유물이었습니다. 앞서 논의한 대로 태극기부대 하면 노인들을 떠올렸죠. 그런데 계엄 사태 이후 벌어진 친윤 시위는 달랐습니다. 젊은 얼굴이 눈에 띄게 많았습니다. 일부 청년들은 시위 현장에서 마이크를 잡고, "그동안 어르신들에게 싸움을 맡겨 죄송하다"고 하기도 했습니다. 세대 교체가 아니라, 세대 연대의 선언처럼 들렸죠. 노년층은 이들을 반갑게 맞이했습니다. 박수와 환호가 이어졌고, 일부 청년들은 '차세대 연사'로 시위의 앞자리를 차지했습니다.

청년들의 행동도 말 못지않았습니다. 2025년 1월, 윤석열 전 대통령 체포로 정국이 요동치던 시기, 친윤 시위대는 '관저 사수'를 외치며 조직적으로 움직이기 시작했습니다. 특히 '백골단'이라는 이름으로 등장한 청년들이 눈에 띄었습니다. 이들은 민주노총이 주도하는 반윤 집회에 맞서겠다고 주장하며 등장했죠. 하얀 헬멧, 보호대, 그리고 '멸공봉'이라 불리는 붉은 경광봉으로 무장한 2030세대 남성들이 용산 일대를 활보했습니다. 이런 흐름은 서울서부지법 난동에서 극적으로 드러났습니다. 경찰이 현행범으로 체포한

90명 중 46명이 청년층이었습니다. 단순히 '젊은이도 있었다'는 수준이 아니라, 젊은 층이 시위의 주도 세력인 셈이었죠. 젊은이들의 방식은 더 공격적이고, 더 직접적이며, 온라인과 현실을 자유롭게 넘나듭니다. 과거와는 결이 다른 극우의 등장입니다.

2030 청년들의 극우 동조 현상 뒤에는 정치 지도자의 선동이 있었습니다. 윤석열이 그 중심에 있었죠. 그는 체포되기 직전 영상 메시지에서 "우리 청년들이 자유민주주의의 소중함을 재인식하고 있다"며 "이 나라의 미래는 희망적"이라고 했습니다. 국민의힘 의원들을 만나서는 한남동 관저 앞 '탄핵 반대' 집회에 나온 청년들을 언급하며 "20·30대의 생각이 많이 바뀌었다" "밤새도록 관저 앞에서 집회하는 소리를 들을 때 미안하고 고맙다"고 했죠. 구속된 뒤에도 그는 친필 편지를 통해 "청년들이 우리나라의 위기 상황을 인식하고 주권자로서 책임의식을" 갖기 시작했다며 "국민께 알리길 잘했다"고 자평했고, 면회 온 국민의힘 의원들에게는 "당이 하나가 되어 2030 청년들에게 희망을 주라"고 당부했습니다. 윤석열이 서울 한남동 대통령 관저를 떠나 서초동 아크로비스타 사저로 이동할 때, '과잠'을 입은 청년 지지자와 포옹하는 장면은 인상적이었습니다. 청년 선동에 그가 얼마나 공을 들이는지 보여줬죠.

윤석열의 측근도 극우 청년 동원에 나섰습니다. 석동현 변호사는 일반 시민과 청년을 중심으로 '국민변호인단'을 모집하겠다고 밝혔습니다. 이름은 변호인단이었지만, 실제로는 청년층의 정치 동원이었죠. 시위, 온라인 서명 등을 통해 청년들의 반응을 이끌었고, 가입자는 10만 명을 넘었습니다. 또 다른 대리인이었던 김계리 변호사는 청년들을 잘 키워서 이들을 중심으로 우파세력을 결집시키고, 국민의힘도 무시하지 못할 정치세력을 만들자고 주장했습니다. 변호가 아니라 정치에, 그중에서도 청년 동원에 집중하는 모습이었습니다.

국민의힘 역시 크게 다르지 않았습니다. 대선 경선에 나선 나경원 의원은 기독교 보수 청년단체인 트루스포럼이 연 '서울대 중앙도서관 시진핑 자료실 폐쇄 촉구 기자회견'에 참석했습니다. 그는 "서울대에 역대 대통령 이름을 딴 자료실은 하나도 없는데 시진핑 자료실만 존재한다는 건 중국의 영향력이 서울대까지 침투했다는 것 아니냐"고 말하며 극우적 의제에 호응했죠. 윤상현 의원은 폭동을 부추겼습니다. 2025년 1월 18일 밤, 서울 마포구 서울서부지법 앞에 모인 지지자들을 향해 "우리 젊은 17명이 담장을 넘다가 유치장에 있다고 해서 관계자에게 얘기했다"며 "곧 훈방이 될 것"이라고 말했습니다. 모여 있던 친윤 시위대에게 자신감을 불어넣었고, 이들의 과격함은 불과 몇 시간 뒤 법원 난입 사태로 이어졌습니다. 그래도 그는 멈추지 않았죠. "'자유' 대한민국 2030 청년"이 함께한다면 윤석열은 영원할 거라며 선동을 이어갔습니다.

정치 선동은 연결고리가 필요합니다. 청년과 정치인들을 잇는 데에 인터넷의 역할이 컸죠. 2030 남성은 인터넷과 함께 자란 세대이기에 정보 소비, 감정과 의견 표현이 온라인에서 많이 이뤄지죠. 인터넷의 영향에 그 누구보다 민감합니다. 인터넷에서 극우가 성장하는 데 민감하게 반응했을 수밖에요. 윤석열 정부 시절, 극우 메시지는 이렇게 온라인에서 널리 퍼졌습니다. 그중 유튜브가 극우 정치의 주 무대로 떠올랐습니다. 메시지를 흘리는 곳도, 반응을 모으는 곳도, 다시 퍼뜨리는 것도 모두 그 안에서 이뤄졌죠. 계엄사태는 이런 흐름에 기름을 부었습니다. 2025년 1월의 분석에 따르면, 유튜브 채널 〈신남성연대〉는 비상계엄 선포 당일인 2024년 12월 3일 하루 만에 구독자가 55만 명에서 80만 명으로 급증했고, 구독자 중 만 44세 이하가 72%, 남성은 무려 80.3%에 달했습니다. 같은 시기 〈그라운드씨〉 채널도 28만에서 72만으로 폭등했고, 이 역시 남성이 64.8%, 44세 이하가 44%였습니다. "탈중국만이 살길" "친중 매국 세력을 몰아내자" "윤석열 탄핵 찬성 집회에 중국인이!?" 같은 문구가 영상 제목으로 떠오르고, 〈디시인사이드〉〈에펨코리아〉 등 극우 커뮤니티에 빠르게 퍼지며 반복 소비됐죠. 콘텐츠는 더 노골적으로 변하고, 2030의 클릭을 노리는 자극적 메시지가 급속도로 확산됐습니다. 온라인 선동과 커뮤니티 재생산을 통해 2030 남성의 극우 정치 참여가 급속도로 늘어난 것으로 보입니다.

청년층의 극우 유입의 배경은 무엇일까요? 우선 '청년문제'로 피폐해진 이들의 현실이 있습니다. 일자리는 잘 안 보이고, 있다고 해도 오래 버티기 힘듭니다. 평생직장 개념은 사라졌고, 공채도 이제는 거의 없어졌죠. 대학 졸업과 대기업 취업이 공식처럼 여겨지던 시대는 전설이 된 지 오래입니다. 구조가 달라졌죠. 바뀐 구조는 청년들에게 불리하게 작용했습니다. 2024년 우리나라 전체 고용률은 69.5%. 전해보다 0.3%포인트 올랐습니다. 그런데 청년고용률은 달랐습니다. 2023년 46.5%에서 2024년 46.1%로 떨어졌습니다. 청년만 거꾸로 간 셈이죠.

청년층 고용 불안 여파는 큽니다. 통계청에 따르면 2024년 기준으로 청년 10명 중 4명은 중위소득의 절반에도 못 미치는 빈곤층입니다. 기초생활수급자와 차상위계층으로 떨어진 2030세대도 많아졌습니다. 2018년 16만 명이던 2030세대 기초생활수급자는 2023년 23만 명이 넘었고,

30대는 무려 60% 넘게 증가했죠. 빚 문제도 심각합니다. 2022년 학자금 대출을 받은 학생은 41만 명. 대출을 갚지 못하는 청년도 계속 늘고 있습니다. 한때 유행처럼 번졌던 '영끌'과 '빚투'도 결국 청년들에게 부담으로 돌아왔습니다. 주거도 문제입니다. 월급 모아서 집 사던 시대는 끝났습니다. 2020~2021년 부동산 가격이 폭등한 이후, 내 집 마련은 거의 불가능에 가까워졌죠. 청년 10명 중 8명은 여전히 남의 집에 삽니다. 그나마도 쉽지 않습니다. 서울 기준으로 청년 월세는 평균 69만 원. 생활비 내고 나면 손에 남는 게 없습니다. 자산격차가 커집니다. 기회의 격차이기도 하죠. 결혼, 출산, 자립 같은 단어가 점점 멀어지는 이유입니다.

청년층의 경제적 위기는 혼자 감당하기엔 너무 큰 짐입니다. 악순환은 반복되고, 분노는 쌓입니다. "청년들이 좌절감과 분노를 느끼는 원인은 청년들의 일자리를 빼앗는 '귀족노조'와 이를 정치적으로 이용하는 세력에 있다"고 김문수 지지 모임에서 대학생들이 일갈했습니다. 주장이 옳으냐 그르냐를 떠나, 이들의 분노를 짐작하게 해줍니다.

이대남의 불만

2030세대에 극우가 퍼진 건 놀라운 일입니다. 하지만 그 안을 들여다보면 성별에 차이가 있습니다. 탄핵 정국 당시, '이대녀'들은 여의도로 모였습니다. 윤석열 파면을 외쳤죠. 반면 '이대남'은 광화문으로 갔습니다. 태극기를 들고 나섰죠. 같은 세대 안에서도 성별에 따라 정치적 공간이 갈렸던 겁니다. 이들을 가르고 이대남을 극우의 품으로 밀어낸 배경은 페미니즘이라고 볼 수 있습니다.

이대남의 불만은 '역차별'이라는 깃발 아래 뭉쳤습니다. 1999년 헌재가 군가산점을 없앤 이후, 성평등 관련 정책들이 이어졌고, 사회 전반의 분위기도 빠르게 달라졌죠. 정부기관과 정치권도 페미니즘을 주요 화두로 끌어올렸고, 여성 대상 범죄가 주목을 받으며 '성인지 감수성' 같은 개념이 법제화됐습니다. 일부 남성들은 당황해했습니다. 말조심을 해야 하고, 농담도 걸러야 했고, 불편하다고 말하면 편견이라며 지적받았죠. 여성의 지위는 빠르게 올라간 것 같지만, 남성에게는 여전히 '경제력'이라는 무거운 기준이 남아 있었습니다. 변화의 수혜는 여성에게 가고, 남성에겐 책임만 남은 듯한 기분이었죠. 그렇게 "이제는 남자가 소수다" "이건 역차별이 아니라 그냥 차별이다"라는 인식이 퍼졌습니다. 한 조사는 이대남의 정서를 단적으로 보여줍니다. "남성이 역차별을 당하고 있다"는 인식이 뚜렷하게 드러났죠. 남성에 대한 차별이 심각하다, 법 집행이 남성에게 불리하다, 정부의 양성평등 정책은 잘못됐다는 말에 많은 이들이 동의했습니다. "페미니즘은 여성우월주의다"라는 항목에도 반응이 컸습니다. 반면, 여성차별은 이제 별로 심각하지 않다고 보고, 취업이나 승진 기회도 남녀 간에 공정하다고 생각하는 비율이 높았습니다.

이대남의 불만에 보수가 먼저 나섰습니다. 그 시작은 이준석이라고 봐야 할 겁니다. 그는 '군 복무 보상' '여성가족부 폐지' '여성 장관 할당제 폐지' 같은 이슈를 앞세우며 '남성 역차별'을 강조했고, 페미니즘에 정면으로 도전한 첫 주요 정치인으로 부상했습니다. 이 메시지는 〈에펨코리아〉 〈디시인사이드〉 등 온라인 커뮤니티에 빠르게 퍼졌고, 이준석은 '남성들의 대변자'로 자리 잡았죠. 기존 정치가 외면하던 20~30대 남성들의 박탈감이 출구를 찾은 셈이었습니다. 눌려 있던 만큼 터져 나온 목소리는 강력했습니다. 이준석은 이를 타고 돌풍을 일으켰죠. 결국 그는 국민의힘 당대표로 선출되기까지 했습니다. 이를 알아차린 유승민, 하태경 등 국민의힘 대선 주자들도 남성 유권자 공략에 나서며 국민의힘은 이대남에게 더욱 다가갔죠. 그 흐름의 수혜자는 윤석열이었습니다. 2022년 대선에서 20대 남성은 투표율이 낮은데도 윤석열에게 58.7%를, 이재명에게는 36.3%만을 줬고, 지방선거에서는 국민의힘에 65.1%를 몰아줬습니다. 2024년 총선에서도 이 경향은 이어졌죠. 2025년 대선에서도 크게 다르지 않았습니다. 출구조사에 따르면 20대 남성의 24%, 30대 남성의 37.9%만 이재명 후보에게 투표했죠. 같은 연령대 여성은 각각 58.1%, 57.3%였습니다. 거의 두 배 가까운 차이였습니다. 40~50대 남성의 이재명 지지도는 72.8%, 71%로 훨씬 높았습니다. 한때 가장 진보적인 세대로 불렸던 20대가, 남성에 한해서는 확연히 달라진 겁니다. 윤석열은 탄핵 정국에 이들의 품을 파고들었던 것이죠.

세계적 극우 흐름

윤석열 사태로 드러난 극우는 한층 발달한 모습이었습니다. 세계적 흐름에 더 가까워진, 성장한 극우였죠. 그 흐름 중 하나는 이민자, 유학생, 난민 등 외국인을 공격하는 것입니다. 독일에서는 '독일을위한대안AfD'이 2015년 난민 위기 이후 급성장했습니다. AfD는 메르켈의 난민 정책 때문에 독일이 무슬림 난민으로 넘쳐나고, 그 부담이 학교와 병원, 복지 예산으로 간다고 주장했죠. 이민자들이 더 좋은 주택과 복지를 받는다는 이야기까지 퍼뜨렸습니다. 경제적 불만을 인종적 위협으로 바꾸는 방식이었죠. 그 결과 독일의 정체성이 위협받고 있다는 말까지 나왔습니다. 미국에서도 비슷한 주장이 트럼프와 그의 지지자들 입에서 반복됐죠. 멕시코와 중남미 이민자들을 범죄자로 묘사하고, 국경을 막겠다고 약속했습니다. 나라가 침략당하고 있다며 강력한 대응을 외쳤습니다. 조금씩 차이는 있지만 이런 극우의 주장은 세계 어디에서나 놀라울 만큼 비슷합니다. 독일, 미국뿐 아니라 오스트리아, 스웨덴, 헝가리 등 어느 나라의 극우를 들여다봐도 다르지 않죠.

앞서 다룬 대로 초기 태극기부대의 민족주의는 서구의 그것과는 결이 달랐습니다. 그들이 그린 '우리 민족'은 반공과 친미의 이미지에 가까웠죠. 그래서 그들의 타자는 종북과 좌파였습니다. 종북좌파에 대한 적대감은 태극기부대의 정체성이자 뿌리였죠. 비난도 이들에게 집중됐습니다. 그런데 윤석열 사태 이후, 그 적대감의 표적에 중국과 중국인이 들어왔습니다. 중국의 음모를 말하고, 중국인 간첩을 비난했습니다. '중국인이 우리 세금으로 혜택받고 있다'는 주장도 퍼졌죠. 우리 것을 외부인이 훔쳐간다는 비난이야말로 유럽과 북미의 극우가 펼쳤던 그 논리와 똑같았습니다. 복지, 일자리, 교육, 안전, 이 모든 것이 '원래 우리 것'인데 외부인이 와서 빼앗아간다는 이야기였죠. 유럽에서는 무슬림 이민자들이, 미국에서는 중남미 이민자들이 그 대상이었습니다. 한국에서는 그 자리에 중국인이 들어서기 시작한 셈이죠. 서구의 극우에서 흔히 보이는 외국인혐오와 인종차별이 한국의 극우에 적극적으로 흡수된 겁니다.

2030, 특히 젊은 남성의 극우 지지 확대도 그렇습니다. 서유럽도 이미 이런 경향이 뚜렷해졌죠. 젊은 여성들과 비교했을 때, 젊은 남성들이 극우정당을 지지하는 비율은 눈에 띄게 높습니다. 2024년 데이터에 따르면, 유럽의 젊은 남성 중 약 21%가 극우 이념을 지지한다고 밝혔죠. 같은 연령대의 여성은 14%였습니다. 그 배경도 한국과 비슷합니다. 우선, 성 역할에 대한 변화 등 문화적 배경이 있습니다. 보수층에서는 진보적 성평등 운동과 사회적 변화가 전통적 남성성을 위협한다는 인식이 퍼졌고, 극우가 이를 파고들었습니다. 또 다른 중요한 요소는 소셜미디어입니다. 틱톡, 유튜브, 인스타그램, X(구 트위터)는 극우세력이 메시지를 퍼뜨리는 중요한 도구죠. 극우정당들과 그 지지자들은 이 플랫폼들을 활용해 짧은 영상, 밈, 유머 등을 통해 이념을 쉽게 전달하고, 젊은 세대가 관심을 가질 수 있도록 유도합니다. 도발적이고 재미있는 내용으로 젊은 남성들의 눈길을 끌죠. 소셜미디어의 알고리즘은 이들을 극우 에코체임버 echo chamber(자신의 가치관과 다르거나 반대되는 관점을 차단하고, 스스로 선호하는 관점만을 반복적으로 수용하고 소비하는 것)에 붙잡아둠

니다. 극우 지도자들은 청년을 '기득권에 맞서는 사람들' '기성세력에 반하는 저항자들'로 묘사합니다. 젊은 남성들에게는 이러한 반항적인 이미지가 매력적입니다. 단순히 정치활동을 넘어 젊은 남성들에게는 정체성과 소속감을 제공하는 장이 됐죠.

청년층의 지지는 유럽 극우가 정치의 변방에서 벗어날 수 있는 발판이 됐습니다. 프랑스의 국민연합이 대표적이죠. 2030세대의 지지가 뚜렷하게 늘었습니다. 그 변화는 곧바로 선거 결과로 나타났습니다. 당 지도자인 마린 르펜은 2022년 프랑스 대선 1차 투표에서 23.15%를 얻고 결선에 진출했습니다. 2차 투표에선 마크롱 대통령에게 졌지만, 득표율은 41.45%였습니다. 프랑스 극우정당이 대선에서 얻은 최고의 기록이었죠. 여기서 멈추지 않았습니다. 2024년 총선에서 국민연합은 143석을 차지하며 3위 정당이 됐습니다. 1위인 좌파연합은 182석, 2위인 범여권은 168석이었죠. 격차가 크지 않았습니다. 국민연합이 이제는 권력의 문턱에까지 온 겁니다. 성장 속도도 놀랍습니다. 마린 르펜의 아버지 장마리 르펜이 2002년 대선 결선에 진출했을 때만 해도 전 세계가 충격에 빠졌습니다. 하지만 그때 극우는 정치의 바깥에 머물러 있었죠. 지금은 다릅니다. 이제는 충격으로 받아들이지 않으니까요. 20여 년 만에 국민연합은 프랑스의 주요 정당이 된 것이죠. 비슷한 일이 다른 나라에서도 벌어졌습니다. 독일의 '독일을위한대안', 이탈리아의 '이탈리아형제들', 스웨덴의 '스웨덴민주당'도 같은 공식을 따랐습니다. 빠르게 성장했고, 그 성장의 중심에 청년층, 특히 젊은 남성 유권자가 있습니다. 2030, 특히 젊은 남성의 친윤 시위는 그런 면에서 유럽의 극우와 궤를 같이한다고 할 수 있습니다.

인종차별과 청년의 참여는 윤석열의 계엄사태로 나타난 극우의 진화된 주요 단면이었습니다. 이제 극우는 더는 과거의 노쇠한 반공 집단에 머물러 있지 않습니다. 혐오를 통해 정체성을 만들고, 알고리즘을 통해 자신을 강화하며, 청년층의 불만과 소외감을 정치화합니다. '외국인혐오'는 단지 낙오한 중장년층의 정서가 아니라, 청년들 사이에서도 '공정'과 '역차별'이라는 말로 포장되며 퍼지고 있죠. 유튜브 채널과 커뮤니티는 그 불만을 분노로 바꾸고, 그 분노는 다시 정치적 행동으로 이어집니다. 누가 적이고 누가 우리인지를 분명히 나눈 뒤, 사실보다는 감정을 따르는 움직임입니다. 극우는 더 이상 뒤에서 소리만 지르는 존재가 아닙니다. 국정을 움직이고, 권력의 중심과 직결된 행위자입니다. 극우 시대의 문을 열어놓은 것이죠. 한국사회가 그 문으로 들어갈지는 아직 알 수 없습니다.

맺는 글

우리는 길을 만들 수 있을까

윤석열과 극우의 부활

윤석열 정부가 들어서면서 태극기부대 지도자 몇몇은 이제 지쳤다고 말했습니다. 문재인 정부 시절만 해도 다섯 해였습니다. 지칠 만도 했죠. 게다가 이들이 이루고자 했던 것은 거의 다 성취한 상태였습니다. 박근혜 전 대통령은 석방됐습니다. 그렇게 비판하던 문재인 대통령도 퇴임했죠. 무엇보다 보수 정권이 들어섰습니다. 사실 윤석열 대통령을 처음부터 지지했던 것도 아니었습니다. 한때는 박근혜 전 대통령을 감옥에 보낸 장본인이라며 그를 비난했죠. 하지만 보수 정권을 세우고 나니 그런 비판은 사라졌습니다. 이제 태극기부대로서는 비난할 대상마저 애매해졌습니다. 자연히 집회의 열기도 식었습니다. 태극기집회 참석자는 줄어들었고, 매주 열리던 집회도 멈췄죠. 광장의 열기가 핵심이었던 극우 운동으로서는 끝이 보이는 듯했습니다.

그러나 윤석열 정부의 계엄이 상황을 완전히 바꿔놓았습니다. 계엄사태 이후 윤 대통령 탄핵 정국이 시작되자 극우세력은 다시 거리로 나섰습니다. 그 규모와 과격함이 놀라울 정도였습니다. 하지만 새로운 일은 아니었죠. 박근혜 탄핵 정국과 그 이후 극우의 성장을 우리는 이미 경험했습니다. 또한, 어느 정도 예상할 수도 있었습니다. 이들을 거리로 내몬 조건이 그대로 남아 있었기 때문입니다. 보수 정권이 들어섰어도 극우세력은 여전히 정치적으로 고립돼 있었습니다. 노년층의 사회적 고립도 마찬가지였죠. 복지를 앞세운 문재인 정부 5년도 이들의 삶을 바꾸지 못했습니다. 반공, 친미 정서 또한 그대로 남아 있었습니다. 북한의 미사일 실험은 계속됐고, 윤석열 정부는 이를 비난하며 강경한 태도를 보였죠. 반공의 목소리는 오히려 커졌습니다. 동시에 윤석열 정부는 친미 외교 노선을 분명히 했습니다. 미국과 중국 사이에서 균형을 맞추려던 이전 정부들과는 달리, 한미동맹을 향해 빠르게 움직였죠. 일본과의 역사 문제도 뒷전으로 밀렸습니다. 윤석열 대통령은 미국 대통령 앞에서 노래까지 부르며 재롱을 떨었죠.

태극기부대의 조직은 유지됐습니다. 특히 전광훈 목사

가 이끄는 사랑제일교회는 교회라는 특성 덕에 위축되지 않았습니다. 이들은 거리 집회를 몇 년간 지속하며 경험을 쌓았습니다. 어떻게 하면 사람을 모으고 군중을 열광시키는지 잘 알고 있었죠. 군중들도 학습이 된 상태였습니다. 언제 어디서 모이는지, 누구를 따라야 하는지 이미 알고 있었죠. 박근혜가 탄핵되었던 당시의 좌절도 잊지 않고 있었습니다. 유튜브의 극우 채널도 기름을 부었습니다. 돈이 된다는 사실을 깨달은 이들이 경쟁적으로 뛰어들었죠. 이들은 극우를 더욱 부추기고 조직화했습니다. 정치적·사회적 환경, 극우의 사상과 전략, 이 모든 것이 준비된 상태였습니다. 윤석열 정부가 아니었더라도, 조건만 맞으면 언제든 큰불이 날 수 있는 상황이었죠. 계엄사태 이후 정치적 수세에 몰린 윤석열과 그 측근들에게는 이들이 꼭 필요한 존재였습니다. 윤석열 일당은 이들을 활용하며 정치적 생명을 이어갔습니다. 반중 정서와 청년층 유입으로 재무장까지 했죠. 2025년의 혼란은 태극기부대에서 출발한 극우 운동의 연장선에 있습니다. 그리고 그 끝이 어디일지는 알 수 없습니다. 쉽게 끝나지도 않겠죠.

한국사회의 숙제

극우의 준동은 한국사회에 큰 숙제를 던져놓았습니다. 우선적으로 극우세력의 정치적·사회적 고립을 해소해야 합니다. 이들이 극단적인 사고를 하더라도, 법이 허용하는 정치제도 안에서 목소리를 내고 토론할 수 있게 해야 합니다. 이는 극우만을 위한 일이 아닙니다. 한국사회에는 정치적으로 소외된 목소리가 많습니다. 극좌도 있고, 극빈층도 있으며, 성소수자도 있고, 신체적 제약이 있는 사람도 있습니다. 노년층과 청소년도 마찬가지죠. 하지만 한국 정치제도와 사회는 이런 이들의 목소리를 제대로 반영하지 못합니다. 결국 이들의 불만은 해결되지 않고 쌓여가기만 합니다. 이런 상태에서는 건강한 사회를 기대하기 어렵죠. 제도를 바꿔야 합니다. 거대 양당이 의회 권력을 독점하는 구조 해결이 시급합니다. 그래서 소수의 침묵을 끝내야 합니다. 더 많은 사람들이 정치에 참여하고, 다양한 의견이 제도 안에 반영되어야죠. 비례대표 확대가 한 방법입니다. 현재는 300석 가운데 47석만 비례대표제로 운영되고 있습니다. 이 47석 중에서도 정당 득표율을 반영해 의석을 배분하는 건 일부에 불과하죠. 정당의 전국 득표율에 비해 지역구에서 얻은 의석수가 부족할 경우, 그 차이를 비례대표로 채워주는 방식입니다. 이 연동형 비례대표제가 전체 47석 중 단

30석에만 적용되는 게 아쉽습니다. 그것도 연동률은 50%로 제한돼 있죠. 나머지 17석은 옛 방식대로 정당 득표율에 따라 단순히 나눠 갖습니다. 연동률이 낮다 보니, 소수 정당엔 큰 도움이 되지 않습니다. 지난 총선에서도 우리는 확인했죠. 게다가 거대 정당이 위성정당을 만들어 사실상 이 제도를 우회해버렸습니다. 이름만 연동형이지, 실제로는 큰 정당에 여전히 유리한 구조였습니다. 이런 상황을 바꿔야 합니다. 우선 비례대표 의석수를 늘려야 합니다. 연동률을 100%에 가깝게 조정해야겠죠. 위성정당의 등장을 막기 위한 제도적 장치도 함께 마련해야 합니다.

물론 쉽지 않을 겁니다. 하지만 공직선거법 제189조가 2020년에 개정되어 이런 제도가 생겨난 것처럼, 법률만 바꾸면 가능합니다. 헌법을 고치지 않아도 되는 일입니다. 제도 개혁은 의지만 있다면 지금도 가능한 일입니다. 필요하다면 헌법 개정까지 고려할 수도 있겠죠. 2025년 대선에서 이재명과 민주당을 포함한 주요 정치세력 모두가 개헌의 필요성에 공감했습니다. 물론 각자 정치적 셈법이 다르니, 내놓는 개헌안도 제각각이었죠. 어떤 쪽은 권력구조를 바꾸자고 했고, 어떤 쪽은 헌법에 새로운 가치를 담자고 했습니다. 하지만 지금의 헌법이 부족하다는 데에는 이견이 없었죠. 그 공감대 자체가 중요합니다. 이런 때야말로 개헌을 실제로 추진할 수 있는 기회죠. 이 기회를 살려야 합니다. 대통령의 권한을 대폭 축소하고 의회의 권한을 늘려야 합니다. 그래야 선거판에서 다양한 목소리가 나오고, 경쟁이 가능해집니다. 그래야 거리의 선동과 폭력을 줄일 수 있습니다.

경제적 관점도 달라져야 합니다. 시민이 존엄한 삶을 누릴 수 있는 경제적 여건을 만들어야 합니다. 100세 시대를 사는 이들에게 마땅한 일자리와 안정된 생활을 보장해야 하죠. 청년층이 아르바이트로 연명하는 사회에서 민주주의를 외치는 것은 공허한 이야기입니다. 먹고사는 문제가 해결되지 않은 상태에서는 민주, 가치, 정의가 보이지 않죠. 오히려 '배부른 자들의 놀음'으로 여겨지기 쉽습니다. 이런 상태에서는 극단적인 주장에 끌리기 쉽습니다. 누구는 천국을 만들겠다고 약속하고, 누구는 부정선거를 바로잡겠다고 외칩니다. 북한 간첩을 잡아야 한다는 주장도 나옵니다. 이런 꾀임과 선동을 물리치려면, 사회 구성원 모두가 서로를 돌봐야 합니다. 시장경제 체제에서는 경쟁을 피할 수 없습니다. 하지만 경쟁에서 밀려났다고 절벽으로 떨어지는 것은 막아야죠. 복지 정책을 강화하고, 확대해야 합니다. 비용이 많이 들겠죠. 하지만 한국 경제는 세계 10위권입니다. 지금 우리가 어디에, 얼마만큼의 돈을 쓰고 있는지 점검해볼 필요가 있습니다. 낭비되는 부분은 없는지, 비효율적인 지출은 없는지 꼼꼼하게 살펴봐야 하죠. 우선순위를 정하고, 사회적 합의를 이루는 것이 무엇보다 중요합니다.

이재명 대통령의 기본소득은 다시 곱씹어볼 만한 정책입니다. 단순한 복지 확대가 아니라, 다가올 미래에 대한 대응 전략이기도 하죠. 그는 2022년 대선에서 모든 국민에게 연 100만 원, 청년에게는 연 200만 원을 지역화폐로 지급하겠다고 했습니다. 2025년 대선이 다가오면서 이재명은 그 논의를 '기본사회'라는 더 큰 틀로 확장했습니다. 의료, 교육, 주거, 돌봄까지. 사회 전체가 최소한의 삶을 함께 책임지자는 방향이죠. 비슷한 흐름은 미국에서도 있었습니다. 2020년 민주당 대선 경선에서 앤드루 양은 기본소득 공약으로 큰 주목을 받았습니다. 모든 미국 성인에게 매달 1000달러, 연간 1만 2000달러를 조건 없이 지급하자고 했죠.

왜 이런 주장들이 나올까요? 인공지능과 자동화 기술이 빠르게 발전하면서 기존 일자리는 줄어드는데, 사회는 아직 준비가 안 돼 있다는 문제의식에서입니다. 신기술이 경제를 바꾸고, 노동의 의미도 달라지고 있습니다. 그런데도 복지제도는 옛 틀에 머물러 있죠. 이대로 가면 버티기 어렵습니다. 기본소득이 해법일 수 있습니다. 파격처럼 보일 수 있지만, 사실은 현실의 문제입니다. 지금부터 고민을 시작해야 합니다. 지금 대비하지 않으면 상상을 초월하는 격차가 벌어질 수 있으니까요. 그럴 가능성은 큽니다. 자연히 정치적 갈등도 더 거세질 테죠. 극우의 목소리도 거칠어지고 사회 전체는 그 값을 치러야 할 수도 있습니다. 오히려 더 과감한 정책을 그려야 할 때입니다.

공권력의 회복도 중요한 과제입니다. 광화문 한복판에서 법원을 부수자는 주장이 나옵니다. 경찰을 밀치고 조롱하는 일이 벌어집니다. 그런데도 체포되거나 처벌받는 사람은 많지 않습니다. 이번 사태를 통해 한국사회는 공권력의 현주소를 다시 한번 확인했습니다. 하지만 문제는 극우만이 아닙니다. 경찰에 맞서는 것은 좌우를 가리지 않죠. 정치권도, 시민도 마찬가지입니다. 권력으로 무시하고, 인원수로 밀어붙입니다. 공권력을 존중하는 문화가 사라졌죠. 이런 상황을 끝내야 합니다. 첫걸음은 공권력에 대한 신뢰를 회복하는 것입니다. 물론, 이는 권력기관이 시작해야 합니다. 경찰과 검찰은 독재 시절 시민을 억압하며 자리를 보존했고, 민주화 이후에도 권력의 눈치를 보며 움직였습니다. 윤석열 정권은 공권력 남용의 정점이었습니다. 정권 내내 국정을 챙기는 대신 정적 타도에 몰두했습니다. 민주당과 이재명 대표를 반국가세력으로 몰았죠. 경찰과 검찰은 윤석열의 사냥개 노릇에 정신이 없었습니다. 민주당뿐 아니라 노조, 언론, 전 정부 인사에 대한 각종 조사와 탄압이 이어졌습니다. 반대로 윤씨 일가에 대한 수사는 허무할 정도로 지지부진했습니다. 시민들이 이들을 믿기 어려운 이유죠. 신뢰가 없는 상태에서는 공권력이 정당하게 집행되기 어렵습니다. 권력자의 눈치만 더 보게 되고, 결국 시민과 더 멀어집니다. 악순환의 반복이죠.

이 악순환을 끊어야 합니다. 2025년 한국에 그 기회가 왔습니다. 보수든 진보든 내란의 실체를 목격하고 분노했습니다. 내란 책임자 처벌에 대한 공감대는 보수 정치인들의 수작에도 불구하고 상당합니다. 그러니 내란범을 철저히 조사하고 엄중히 처벌하는 과정에서 공권력에 대한 신뢰를 회복할 수 있습니다. 가장 중요한 것은 원칙입니다. 죄를 지었으면 누구든 법으로 처벌받아야 합니다. 지위가 높거나 돈이 많다고 예외일 순 없습니다. 이 당연한 것을 선명하고 뚜렷이 확인해줘야 합니다. 용산과 군 수뇌부만의 문제가 아닙니다. 정부든 정당이든, 어디에 있든 내란을 기획하거나 방조한 자라면 법의 심판을 받아야죠. 이런저런 고려를 할 때가 아닙니다. 법과 원칙에 따라 움직이는 공정한 공권력이 필요합니다. 그래야 극단적인 정치세력이 힘을 얻지 못하고, 사회가 안정될 수 있습니다.

보수가 다시 길을 찾아야 합니다. 지도자를 바꾸는 것만으로는 부족하죠. 무엇을 지킬 것인지, 어떤 가치를 내세울 것인지 고민해야 합니다. 그래야 한국사회에서 보수가 설 자리가 생깁니다. 보수가 뚜렷한 방향을 잡아야 진보도 이에 맞서 자기 목소리를 낼 수 있죠. 그래야 건강한 논쟁이 가능해집니다. 여전히 '빨갱이 타도'만 외치는 목소리가 큽니다. 냉전이 끝난 지 수십 년이 지났는데, 반공만 반복해서는 의미 있는 토론이 나올 수 없죠. 반대만으로는 부족합니다. 보수가 가치를 만들어내지 못하면, 결국 남는 건 공허한 구호뿐입니다. 게다가 그 반대 대상이 '빨갱이'라는 모호한 개념이라면, 정치가 성숙하기 어려워집니다. 한국사회가 한국사회로서 지켜야 할 가치와 정체성은 무엇인가에 대한 답을 보수가 고민하고 내놔야 합니다. 공감을 얻어내야 합니다. 건전한 보수의 공간을 넓혀야 합니다. 그래야 극우가 설칠 자리가 좁아질 테죠.

극우의 문제는 정치 문제만이 아닙니다. 한반도 평화와도 깊게 연결돼 있죠. 윤석열 정부의 대북 정책도 극우의 영향을 받았습니다. 극우 유튜버로 논란이 많았던 사람이 통일부 장관이 된 것이 좋은 예죠. 대결 일색의 정책은 남북관계의 파탄으로 이어졌고, 긴장은 고조됐습니다. 더욱이 윤 정부는 북한을 자극해 국지전까지 유도하려 했다는 의심도 받고 있습니다. 실제 충돌 직전까지 간 셈이죠. 극우의 득세가 평화에 위협임을 보여줍니다. 사실 놀랄 일도 아니죠. 극우 정치는 늘 미움을 먹고 자라니까요. 1930년대 유럽 극우 정치의 결과를 기억해야 합니다. 한국도 마찬가지입니다. 극우의 성장을 방치하면 비슷한 위기가 또 찾아올 수 있습니다. 그래서 평화가 필요합니다. 전쟁이 없는 상태만으론 부족합니다. 신뢰와 공존이 바탕이 된 적극적 평화를 만들어야 합니다. 그래야 극우의 목소리가 설 자리를 잃게 되죠. 한국사회에서, 특히 보수에게 북한 문제는 심각합니다. 북한의 위협은 현실이죠. 하지만 그것만 강조해서는 답이 나오지 않습니다. 북한은 한국만큼 오래된 나라입니다. 대한민국이 당장 사라질 일이 없듯, 조선민주주의인민공화국도 하루아침에 무너지지 않습니다. 김씨 왕조가 끝난다고 해도, 북한이라는 국가가 바로 사라지는 건 아니죠. 그렇다면 공존할 방법을 찾아야 합니다. 그것이 한반도에 진정한 평화를 찾고 극우의 노래도 잠재우는 길입니다.

한국사회의 희망

한국인임이 자랑스럽다고들 합니다. 하지만 막상 왜 그러냐고 질문하면 답이 마땅치 않을 때가 많죠. 손흥민이 자랑스럽지만, 손흥민의 축구가 한국을 대표한다고 보기는 어렵습니다. 대표팀에서 오래 뛰었지만, 그의 축구는 유럽에서 성장했습니다. 천문학적 수입에 괜히 뿌듯하지만, 그 또한 손흥민의 재산일 뿐입니다. 아름다운 강산이 자랑스럽지만, 아름다운 강산이 한국에만 있는 것도 아닙니다. 역사의 유구함도 이집트에 비하면 특별하지 않습니다. 하지만 세계 어디서도 극우가 준동하고 계엄군이 국회에 난입하는데 시민이 막아서는 일은 흔치 않습니다. 그뿐 아닙니다. 응원봉을 들고 광장에서 노래를 불렀죠. 선결제로 추위를 녹였습니다. 처음도 아니었습니다. 4월혁명, 광주항쟁, 6월항쟁, 박근혜 탄핵, 이 모두가 다 시민의 힘이었습니다. 소설가 한강이 보았던, 죽은 자가 산 자를 살린, 과거와 현재를 잇는 고리는 시민의 연대였습니다. 한국처럼 살기 힘들고 괴로운 곳에서, 묵묵히 견디고 위기 때마다 나라를 구해낸 힘. 그게 바로 시민의 힘이죠. 그런 한국인임이 자랑스럽습니다. 그런 시민의 연대에서 희망을 찾습니다.

지금 한국사회는 중요한 갈림길에 서 있습니다. 정치적 양극화는 심화되고, 경제적 불평등은 고착화되고 있으며, 사회적 갈등은 점점 더 격화되고 있습니다. 이러한 문제들을 해결하지 못한다면, 지금의 혼란과 불안정은 반복될 뿐만 아니라 더욱 나빠질 가능성이 큽니다. 우리는 과거의 실수를 되풀이하지 않기 위해 근본적으로 변화해야 합니다. 더는 미봉책으로 시간을 끌 것이 아니라, 사회 전반에 걸친

구조적 개혁과 새로운 방향 설정이 요구됩니다. 지금이야말로 우리 사회가 나아갈 길을 결정해야 할 때입니다.

참고문헌

1장

기사, 뉴스

강한들, 〈대통령 관저 앞 폭풍전야〉, 《경향신문》, 2024.12.31.

강한들·권정혁, 〈윤 대통령 편지에 격렬해진 한남동 관저 앞〉, 《경향신문》,
　　2025.1.2.

강한들·이예슬, 〈돌 던지고, 어묵국 뿌리고, 백골단까지…난폭해지는 극우 집회〉,
　　《경향신문》, 2025.1.9.

곽민서, 〈[전문] 尹대통령 계엄 해제 담화〉, 《연합뉴스》, 2024.12.4.

고경주, 〈서부지법 극우 폭동으로 경찰 7명 중상…"손해배상 청구 검토"〉,
　　《한겨레》, 2025.1.20.

고유찬·유종헌, 〈"오동운 끌어내자" 尹 지지자들 공수처 차량 가로막고 공격〉,
　　《조선일보》, 2025.1.20.

권정혁, 〈"대통령 지켜야 한다" 공수처·구치소로 몰려간 지지자들〉, 《경향신문》,
　　2025.1.16.

권정혁·김송이, 〈보수단체 처절한 외침〉, 《경향신문》, 2024.12.12.

김경필, 〈[담화 전문] 尹 "野 탄핵 남발로 국정 마비…계엄, 패악 경고하려 한 것"〉,
　　《조선일보》, 2024.12.12.

김남일, 〈국힘 김민전 "계엄은 민주당 무도함 탓…탄핵소추는 친북"〉, 《한겨레》, 2024.12.5.

김상윤, 〈민주당 "윤상현, 서부지법 폭동 키워…제명안 제출하기로"〉, 《조선일보》, 2025.1.20.

김송이, 〈서부지법 폭력 사태가 '민주화운동'이라는 극우〉, 《경향신문》, 2025.1.21.

류석우·김양진·손고운, 〈유튜버→차관급, 생각보다 막나가고 짐작보다 극우적인 그 인재〉, 《한겨레21》, 2023.7.17.

문광호, 〈"선관위와 전쟁" 주장에 백골단 기자회견…여론조사에 고무된 국힘, 극우 선동〉, 《경향신문》, 2025.1.12.

문광호·민서영, 〈서부지법 사태 반성 없는 국힘…"경찰이 시위대 진입 유도 의혹" 음모론까지〉, 《경향신문》, 2025.1.20.

배시은·오동욱, 〈'7시간 체포작전'에 아수라장 된 한남동…관저 주인 떠나자 집회도 '다른 곳으로'〉, 《경향신문》, 2025.1.15.

서영지, 〈한동훈 "계엄사태 발생에 여당으로서 유감…효과 상실"〉, 《한겨레》, 2024.12.4.

손지민, 〈국힘 윤상현 "계엄은 고도의 정치행위"…야당 "미쳤나" 고성〉, 《한겨레》, 2024.12.11.

신민정, 〈국민의힘 "윤 대통령, 조속히 계엄 해제해 달라"…당론으로 요구〉, 《한겨레》, 2024.12.4.

신민정, 〈국힘 윤상현 "탄핵 동참 못 해…민주당에 정권 헌납할 수 없다"〉, 《한겨레》, 2024.12.6.

신수아, 〈'탄핵반대 집회' 몰려간 여당…"굴복해 죄송"〉, 《MBC뉴스데스크》, 2025.1.6.

심우삼, 〈극우 유튜브에 빠진 윤석열 '내란의 기원'〉, 《한겨레》, 2024.12.24.

이가경, 〈윤 대통령 "반국가세력 반드시 척결" 비상계엄 선포 [전문]〉, 《조선일보》, 2024.12.3.

이가경, 〈12·3 계엄 그 시각, 국민의힘 의원 108명 SNS대화방에선 [전문]〉, 《조선일보》, 2024.12.19.

이가혁, 〈소화기로 문 부순 남성이 JTBC 기자? "허위정보에 법적 대응"〉, 《JTBC 뉴스룸》, 2025.1.20.

이제훈, 〈'대결'만 외쳐온 김영호에게 통일정책을 맡길 수 있을까〉, 《한겨레》,

2023.7.13.

이용규, 〈尹은 왜 극우 유튜버에 빠졌나?〉, 《주간조선》, 2024.12.21.

임선응, 〈'윤석열 내란' 6시간…비상계엄 선포부터 해제까지〉, 《뉴스타파》, 2024.12.4.

정지용, 〈"함께 싸우자"…전광훈 집회 몰려간 친윤 의원들, 거리투쟁 본격화 하나〉, 《한국일보》, 2025.1.5.

조형국, 〈100만 명 모일까…탄핵 표결 앞두고 국회 가득 메운 시민들〉, 《경향신문》, 2024.12.14.

최서은, 〈윤 측, 체포영장 재집행 임박하자 "이념 전쟁 상황…내전까지 갈 수 있다"〉, 《경향신문》, 2025.1.9.

최서인, 〈尹, 헌재서 띄운 '부정선거' 사진…대법원 이미 '문제없다' 결론〉, 《중앙일보》, 2025.1.22.

허윤희·정혁준, 〈오세훈 서울시장, "계엄 반대, 철회돼야"〉, 《한겨레》, 2024.12.4.

〈'가짜뉴스' 속 기자 직접 나와…실제 폭동 가담자 공개 #뉴스다〉, 《JTBC뉴스룸》 2025.1.20.

〈극우 유튜버 '설 선물' 챙기는 국힘…"대안 언론" 대우도〉, 《JTBC뉴스룸》, 2025.1.22.

〈서부지법 폭동 사태가 '민주화운동'?…백골단의 '궤변'〉, 《JTBC뉴스룸》, 2025.1.21.

〈지지자 뒤에 숨은 '선동자들'…법원 폭동 당시 '추가 폭동' 선동한 정황 포착〉, 《JTBC 뉴스룸》, 2025.1.22.

〈특집 뉴스룸 | 윤 대통령 구속 현직 대통령 최초…"판사 어딨어" JTBC 카메라에 담긴 '폭동'〉, 《JTBC뉴스룸》, 2025.1.19.

온라인 자료

나경원 페이스북, 2025년 1월 2일.

〈법치가 무너진 대한민국 국민의 한 사람으로서 서울서부지법은 윤석열 대통령 구속영장 기각하라!〉, 《용만전성시대》, 2025.1.19.

윤상현 페이스북, 2025년 1월 5일.

〈전광훈 목사, 중대 발표!〉, 《신의한수》, 2024.12.15.

〈트럼프가 이제 부정선거 제대로 잡는다! 이 영상이 증거〉, 《이봉규TV》,

2024.11.18.

〈[특별대담 / 강용석, 원영섭] 계엄 한 방으로 정국을 전환시킨 윤 대통령〉, 《고성국TV》, 2024.12.4.

〈[속보] 윤 대통령의 결심이 임박한 상황〉, 《김채환의 시사이다》, 2023.6.6.

2장

기사, 뉴스

강치구, 〈통진당 해산? 우리 사회 종북 세력의 상징 아이콘이기 때문〉, 《코나스넷》, 2014.11.20.

고영덕, 〈베일 벗는 어버이연합 배후 인력〉, 《경향신문》, 2016.4.27.

권귀순, 〈MB 정권 언론장악 시도 사례〉, 《한겨레》, 2009.3.26.

권태호, 〈MB, 2008년 미국 방문 전 '쇠고기 개방' 약속했었다〉, 《한겨레》, 2011.9.5.

김남일·서영지, 〈청와대, 4대 기업 70억 걷어 '아스팔트 우파' 지원〉, 《한겨레》, 2017.1.31.

김한수, 〈'국정화 지지' 어버이연합, 교육시설서 술·담배에 경찰 폭행까지〉, 《민중의소리》, 2015.10.27.

김진원, 〈박 전 대통령, 귀주회 이권사업 지원 직접 지시〉, 《헤럴드경제》, 2017.10.12.

김필준, 〈관제 데모, 구체적 지시는 박근혜 정부가 처음〉, 《JTBC》, 2017.4.19.

류이근, 〈언론 자유, MB 정부서 30단계 추락〉, 《한겨레》, 2009.10.21.

백철, 〈뉴라이트는 왜 8년 만에 몰락하게 되었나〉, 《주간경향》, 2012.7.10.

박근용, 〈심상정-우원식 규탄 시위, 어떻게 나왔나 했더니〉, 《오마이뉴스》, 2019.9.8.

서영지, 〈삼성, 박근혜 국정원 요구 '관제 데모 단체'에 10억 지원〉, 《한겨레》, 2017.10.24.

이혜리, 〈'박근혜 수호대' 자임 어버이연합 "근혜야 울지 마라, 오빠가 있다"〉, 《경향신문》, 2016.5.1.

유정인, 〈전교조 본부 첫 압수수색〉, 《경향신문》, 2009.7.3.

조해수·안성모·조유빈, 〈이명박-박근혜 정권 '어버이연합 게이트'의 추악한 진실〉, 《시사저널》, 2017.10.30.

차형석, 〈이명박-박근혜 정부의 5단계 '방송 장악 잔혹사'〉, 《시사IN》, 2017.9.5.

최유빈, 〈어버이연합, 전순옥 의원 집단폭행〉, 《한겨레》, 2013.8.13.

허재현, 〈각목 들고, 멱살 잡고, 뺨 때리고…우익 테러 악몽〉, 《한겨레》, 2011.7.31.

한국어 단행본 및 보고서

민주언론시민연합, 《이명박·박근혜 정권 시기 언론장악백서》, 2017.

참여연대, 《박근혜정부 1년 검찰보고서》, 2014.4.1.

영어 논문

Choi, Seung-Whan, "Democracy and South Korea's Lemon Presidency", *Asian Perspective* 46(2), 2022, pp.311~341.

Doucette, Jamie, and Se-Woong Koo, "Pursuing post-democratisation: The resilience of politics by public security in contemporary South Korea", *Journal of Contemporary Asia* 46(2), 2016, pp.198~221.

Han, Gil-Soo, "Nostalgic Nationalists in South Korea: The Flag-Carriers' Struggles", *Calculated Nationalism in Contemporary South Korea: Movements for Political and Economic Democratization in the 21st Century*, Amsterdam University Press, 2023, pp.215~244.

Heo, Uk, and Sung Deuk Hahm, "Political Culture and Democratic Consolidation in South Korea", *Asian Survey* 54(5), 2014, pp.918~940.

Kim, Sunil, and Jonson N. Porteux, "Adapting violence for state survival and legitimacy: the resilience and dynamism of political repression in a democratizing South Korea", *Democratization* 26(4), 2019, pp.730~750.

Nam, Taehyun, "Rallying around the flag or crying wolf? Contentions over the Cheonan incident", *Asian Perspective*

39(2), 2015, pp.221~251.
Shin, Kwang-Yeong, "The Dilemmas of Korea's New Democracy in an Age of Neoliberal Globalisation", *Third World Quarterly* 33(2), 2012, pp.293~309.

영어 단행본

Cumings, Bruce, *The Origins of the Korean War: Liberation and the Emergence of Separate Regimes, 1945–47*, Princeton University Press, 1981.
Lee, Young-hoon, *Taehan Min'guk iyagi*[The story of the Republic of Korea], Kip'arang, 2007.
Nam, Taehyun, "National crisis and democratic consolidation in South Korea", ed. Jae-Jung Suh and Mikyoung Kim, *Challenges of Modernization and Governance in South Korea: The Sinking of the Sewol and Its Causes*, Palgrave Macmillan, 2017, pp.75~94.

3장

기사, 뉴스

고영덕, 〈베일 벗는 어버이연합 배후 인력〉, 《경향신문》, 2016.4.27.
김아이, 〈TV조선, 미르·K스포츠 의혹 '결정타' 보도할까?〉, 《한국기자협회》, 2016.10.4.
김영희, 〈이석수 '턱감 없게 한다는 것 아닌가' 한의사 표〉, 《한겨레》, 2016.8.29.
김용출·이천종·조병욱·박영준, 〈추적 논픽션 비선권력 8화: 가톨릭에서 영세교까지…최태민의 기이한 종교 행각〉, 《세계일보》, 2017.4.15.
김의겸, 〈K스포츠 이사장은 최순실 단골 마사지 센터장〉, 《한겨레》, 2016.9.20.
김진철, 〈박 대통령 수사 불가? 일부 헌법학자 '기소 못 해도 수사는 가능'〉, 《한겨레》, 2016.10.27.
도성민, 〈박근혜 대통령 '연설문 유출' 대국민 사과…'개헌안' 묻혔다〉, 《VOA 한국》, 2016.10.25.

박병수, 〈사드 배치 협의 돌출 결정…비용·위치·외교적 파장에 대한 계획 없이〉, 《한겨레》, 2016.2.10.
박병수, 〈한미 사드 배치 최종 결정〉, 《한겨레》, 2016.7.8.
박민제, 〈이슈 취재: 232만 평화 촛불집회의 사회학〉, 《월간 중앙》, 2016.12.17.
박수진, 〈우병우 의경 아들 '역대급 빽' 통해 얻었다〉, 《한겨레》, 2016.7.20.
박수지, 〈자동차 없던 '400억 부자' 우 가족, 법인 차량 이용 의혹〉, 《한겨레》, 2016.7.22.
방준호, 〈최순실, 지난해 떠나기 전 독일 15억 원 들고 갔다〉, 《한겨레》, 2017.1.16.
서영지, 〈우병우, 지금껏 드러난 의혹만으로도 배임, 농지법 위반 가능〉, 《한겨레》, 2016.7.31.
서주민, 〈재단 미르, 30개 기업 486억 납부〉, 《TV조선》, 2016.7.26.
석진환, 〈새누리 '하야 정국으로 몰고 가는 거냐'〉, 《한겨레》, 2016.10.31.
송경화, 〈문재인 '중대 결심 늦출 수 없다' 안철수 '즉각 사퇴가 유일한 길' 박원순 '이 판국에 뭐 못 버린다'〉, 《한겨레》, 2016.11.4.
이경미, 〈박근혜 대구·경북 지지율 30%대로 떨어져〉, 《한겨레》, 2016.7.22.
이경미, 〈헌법정신은 탄핵이지만… 금기어 쏟아낸 비박… 위기의 새누리〉, 《한겨레》, 2016.11.7.
이세영, 〈안철수·박원순 '하야론' 가세…민주 의총선 '탄핵안 대비'〉, 《한겨레》, 2016.11.2.
이세영, 〈민주당 12일부터 장외투쟁 돌입…'청와대 응징하며 수위 높일 것'〉, 《한겨레》, 2016.11.6.
이진우, 〈'최순실' 빠진 미르·K스포츠재단 보도〉, 《한국기자협회》, 2016.9.28.
정철운·김도연, 〈숨길 게 많았던 박근혜, 언론통제와 여론조작으로 버텼다〉, 《미디어오늘》, 2016.12.7.
조윤영, 〈박근혜, 뇌물죄 그대로 확정하고…직권남용은 엄격 해석 '10년 감형'〉, 《한겨레》, 2021.1.14.
주영재, 〈'박근혜·최순실 게이트' 끝없는 수사 일지〉, 《경향신문》, 2016.11.17.
허재현·현소은, 〈최순실, 딸의 이화 논란을 '정치적 음모'로 몰고 가려 했다〉, 《한겨레》, 2017.1.14.
최현준, 〈넥슨, 수상한 강남땅 매입…우병우 측 '가산세 폭탄' 면해〉, 《한겨레》, 2016.7.18.

한상진, 〈박근혜-최태민 일가, 40년 '경제공동체'의 기록〉, 《뉴스타파》, 2017.3.1.
〈박 대통령 '면도칼 피습' 때 최순덕(최순실 언니) 집에 머물렀다〉, 《서울신문》, 2016.10.31.
〈최순실, 딸의 이화 논란을 '정치적 음모'로 몰고 가려 했다〉, 《한겨레》, 2017.1.14.
〈최순실 PC 파일 입수⋯대통령 연설문 전 전달받았다〉, 《JTBC 뉴스룸》, 2016.10.24.
〈18년 친구 지켰던 '문고리 3인방', 최순실 쓰나미에 쫓겨나다〉, YTN, 2016.10.30.
〈18년 최악의 국정농단, 조선일보 3인방 보호하다 처벌받다〉, YTN, 2016.10.30.

영어 논문

Kim, Hyung-A, "South Korea under fire for missile defence plan", *Asian Studies Association of Australia*, 2016.9.1.

Kim, Jiyoon, John J. Lee, and Chungku Kang, "A Shrimp Between Two Whales? Koreans' View of the US-China Rivalry and THAAD Expert", *The Asian Institute for Policy Studies*, 2017.1.25.

Choi, Seung-Whan, "Democracy and South Korea's Lemon Presidency", *Asian Perspective* 46(2), 2022, pp.311~341.

Turner, Mark, Seung-ho Kwon, and Michael O'Donnell, "Making Integrity Institutions Work in South Korea: The Role of People Power in the Impeachment of President Park in 2016", *Asian Survey* 58(5), 2018, pp.898~919.

영어 단행본

Cumings, Bruce, *The Origins of the Korean War: Liberation and the Emergence of Separate Regimes, 1945-47*, Princeton University Press, 1981.

영어 기사

Cho, Sanghoon, "The President's Friendship, Seen Negatively by Many Koreans", *The New York Times*, 2016.10.27.

Cho, Sanghoon, "South Korea's Leader Announces She Will Face a Scandal Investigation", *The New York Times*, 2016.11.3.

4장

기사, 뉴스

김백겸, 〈'박사모' 등 보수집회, 시민들에게 섬뜩한 저주 "'드르륵' 쏴 죽여야"〉, 《민중의소리》, 2016.11.19.

김양진, 〈정의 앞에 선 박 전 대통령…"국민께 송구"〉, 《서울신문》, 2017.3.22.

김진철, 〈이젠 탄핵 외길…9일 '운명의 대결' 치닫는 정치권〉, 《한겨레》, 2016.12.6.

남정훈, 〈"탄핵 인용하면 피바다·계엄령" 섬뜩한 태극기집회〉, 《세계일보》, 2017.2.25.

문재원, 〈선고 앞두고 '긴장감 폭풍' 몰아치는 헌재 주변〉, 《아시아경제》, 2017.3.10.

박병준, 〈박사모 등 보수단체, 서울역 광장에서 맞불집회 개최〉, 《중부일보》, 2016.11.19.

송경화, 〈'역대급' 욕 먹었던 국민의당의 지난 하루〉, 《한겨레》, 2016.12.2.

엄지원, 〈'탄핵 카드' 만지는 야…실행까지 '산 너머 산'〉, 《한겨레》, 2016.11.18.

엄지원, 〈박원순 "민주당·문재인 왜 이렇게 망설이는지 이해 안 돼"〉, 《한겨레》, 2016.11.14.

엄지원, 〈야 3당 대표 이견…2일 '탄핵안 처리' 무산〉, 《한겨레》, 2016.12.1.

오세진, 〈김진태 "촛불집회는 좌파들 소행…대통령 탄핵안 기각될 것"〉, 《서울신문》, 2016.12.17.

유오상, 〈'탄핵 땐 전쟁' 막말 쏟아내는 보수집회〉, 《헤럴드경제》, 2017.3.10.

이세영, 〈'박근혜 직무 정지' 보름 안에 결판난다〉, 《한겨레》, 2016.11.24.

이세영, 〈'빗장 풀린 탄핵' 야 대선주자 전격 합의…비박계 "즉각 발의"〉, 《한겨레》, 2016.11.20.

이세영, 〈야권 탄핵 열차 재시동…'9일 탄핵'까지 곳곳에 복병〉, 《한겨레》, 2016.12.2.

이슬기, 〈박사모 등 보수단체 집회…정광용 회장 "문 당선 시 김정은이 대통령 될 것"〉, 《서울신문》, 2016.11.19.
이지용, 〈"박 대통령처럼… 우리 인생도 깡그리 부정당해" 광장에 선 태극기 노인들〉, 《매일경제》, 2017.2.25.
이혜리, 〈박근혜 대통령 탄핵 헌법재판소 선고문〉, 《경향신문》, 2017.3.10.
정반석·이상무, 〈"헌재가 헌법을 불태웠다" 이성 잃은 탄핵 무효 집회〉, 《한국일보》, 2017.3.11.
조강수, 〈박근혜 징역 24년…18개 혐의 중 16개 유죄 선고〉, 《중앙일보》, 2018.4.6.
조용철, 〈뇌물 액수 '298억 적시'…특검이 새로 박힌 블랙리스트도 포함〉, 《서울신문》, 2017.3.28.
조윤영, 〈박근혜 '뇌물·직권남용' 징역 20년 확정…4년 만에 마침표〉, 《한겨레》, 2021.1.14.
최정아, 〈'박근혜 탄핵 반대' 김진태 "이래도 태극 물결이 무섭지 않은가? 태극기는 천심(天心)"〉, 《동아일보》, 2016.12.25.
최혜정, 〈"총리만 내려놓고 국정은 쥐겠다는 대통령"〉, 《한겨레》, 2016.11.8.
허진무·노도현, 〈촛불 "정의는 살아있다" VS 태극기 "총으로 쏴 죽이고 싶다"… 헌재 앞 두 풍경〉, 《경향신문》, 2017.3.10.
〈"박근혜 대통령은 계엄 선포하라" 보수단체 맞불집회〉, 《서울신문》, 2016.11.12.
〈새누리 김진태·이우현, '탄핵 반대' 보수집회 참석〉, 《연합통신》, 2016.12.17.
금보령, 〈태극기집회 곳곳에서 충돌…1명 사망 '혼돈의 장'〉, 《아시아경제》, 2017.3.10.

데이터

남태현, 〈시위 데이터〉, 2022.
* 저자는 한국언론진흥재단의 온라인 검색엔진인 "BIGKinds"를 활용해 시위 데이터를 수집했습니다. 이 검색엔진은 일간지, 온라인 신문, TV 뉴스 프로그램 등 여러 뉴스 매체를 검색할 수 있는 기능을 제공합니다. 정치적 편향 가능성을 최소화하기 위해 두 개의 진보 성향 일간지(《경향신문》과 《한겨레》)와 두 개의 보수 성향 일간지(《한국일보》와 《동아일보》)를 포함해 주요 일간지 4개를 조사했습니다. 선정된 키워드를 사용해 2016년 10월 1일부터 2017년 9월 30

일까지 박근혜 전 대통령을 지지하거나 반대하는 시위와 직접적으로 관련된 뉴스 보도를 조사했습니다.

기타 자료

정강자·박석운·박래군·권태선·김재하, 《촛불혁명의 기록》, 기념과기록위원회, 2018, https://archives.kdemo.or.kr/contents/view/382 (접속일: 2023년 6월 24일).

5장

기사, 뉴스

이상무, 〈태극기집회 2년, 집회 주도 세력, 박사모→탄기국→새누리당→5개 단체로〉, 《한국일보》, 2019.1.5.

이승훈, 〈우파의 분열…서울역서 광화문까지 '태극기집회' 계파 분류〉, 《민중의소리》, 2019.3.7.

신비롬, 〈"빨리 돈 내놔라…빌려서라도 내라" 돈타령하는 전광훈〉, 《쩌날리즘》, 2024.1.29.

허진무, 〈'집회 열어 기부금 불법 모금' 전광훈 목사 불구속 기소〉, 《경향신문》, 2021.9.23.

〈[단독] "광복절 집회 나와라"…126만 명에 문자 뿌렸다〉, 《MBC뉴스데스크》, 2020.9.15.

〈전광훈, 격리치료 중에도…"코로나 양성 안 믿어, 난 멀쩡해"〉, 《동아일보》, 2020.8.20.

〈전광훈 "하나님 까불면 죽어"…이번엔 '신성모독' 논란〉, 《한겨레》, 2019.12.9.

데이터

남태현, 〈현지 인터뷰〉, 2019년, 2022년, 2023년.

6장

기사, 뉴스

김명진·이다비, 〈광화문 일대 점령한 태극기와 성조기〉, 《조선일보》, 2018.3.1.
김재명, 〈보수의 심장 '구미'에서 항의받은 윤석열 전 총장〉, 《동아일보》,
  2021.9.17.
박병기, 〈육영수 여사 92번째 생일…고향 옥천 하루종일 '시끌'〉, 《연합뉴스》,
  2017.11.29.
이용필, 〈문재인 퇴진 집회 "우리 눈물로 빨갱이들 녹아 없어질 줄 믿어…2월 29
  일 황교안 나오는지 보겠다"〉, 《뉴스앤조이》, 2020.2.15.
조정훈, 〈김문수 "문재인은 김정은 기쁨조" 막말 논란〉, 《오마이뉴스》, 2017.9.16.
최경영, 〈박정희는 神입니다〉, 《뉴스타파》, 2012.11.16.
최평천, 〈대한민국 만세, 국군 만세, 한미동맹 만세, 자유통일 만세〉, 《연합뉴스》,
  2019.6.29.
허진무, 〈탄핵 반대 집회에 성조기가 왜 빠짐없이 등장하나〉, 《경향신문》,
  2017.2.26.
〈전광훈 "무죄 판결문은 독립선언문"…'간첩' 발언도 이어가〉, 《JTBC뉴스룸》,
  2020.12.31.

영어 자료

Choi, Young Jong, "South Korea's Regional Strategy and Middle
  Power Activism", *The Journal of East Asian Affairs* 23(1), 2009,
  pp.47~67.
Snyder, Scott A., *South Korea at the Crossroads: Autonomy and
  Alliance in an Era of Rival Powers*, Columbia University Press,
  2018, pp.114~142.
Stiles, Matt, "In Korea, Spam Isn't Junk Meat—It's A Treat", *NPR*,
  2015.4.8.
Zhu, Zhiqun, "Small Power, Big Ambition: South Korea's Role in
  Northeast Asian Security under President Roh Moo-Hyun",
  Asian Affairs 34(2), 2007, pp.67~86.

7장

기사, 뉴스

김경호, 〈北 핵잠수함 개발 공식화 선언에 국민의힘 "일방적 퍼주기·짝사랑 결과물"〉, 《세계일보》, 2021.1.10.

김광일, 〈[김광일의 입] 文 정부와 김정은, 굴종은 굴종을 부른다〉, 《조선일보》, 2020.6.10.

김대중, 〈[김대중 칼럼] 4·15는 국회의원 선거가 아니다〉, 《조선일보》, 2020.1.14.

김다영, 〈北 말폭탄에 북·미관계도 최악인데…與 '나 홀로 종전선언' 추진〉, 《중앙일보》, 2020.6.16.

김지경, 〈中 관광객 송환 주장까지…與 "혐오 조장 말라"〉, 《MBC뉴스》, 2020.1.29.

김재산, 〈우리는 사회주의가 싫다, 이념논쟁 또 불거지나?〉, 《국민일보》, 2020.3.22.

김은중, 〈뜬금없이 종전선언 꺼낸 문 대통령, 미국에선 "허상" 지적〉, 《조선일보》, 2020.9.23.

노지민, 〈민주당 총선 대응 문건 "황교안은 가짜뉴스 공장장"〉, 《미디어오늘》, 2020.4.3.

박주호, 〈대통령 '동북아 균형자' 논란/독자 행보 자칫 국제미아 우려〉, 《국민일보》, 2005.3.26.

박희원, 〈또 색깔론…野 "김정은과 원팀" 與 "국민 정치의식 모욕"〉, 《CBS 노컷뉴스》, 2020.4.11.

신지호, 〈[시론] 섣부른 '자주외교'로 풀 수 있을까〉, 《동아일보》, 2005.3.23.

이배운, 〈대북 지원 '아낌없이주는나무'…한미동맹엔 '자린고비'〉, 《데일리안》, 2020.1.20.

이오성, 〈중국에 대한 반감, 그 반대편에 친미가 있다〉, 《시사IN》, 2021.7.12.

이호준·김종목·임지선·안홍욱, 〈'보수 대반격' 뭘 주장하나/"작통권은 정책 아닌 사상 문제" 이념 몰이〉, 《경향신문》, 2006.9.13.

〈김무성의 '파격' 친미 행보…보수 아이콘 굳히기?〉, 《연합뉴스TV》, 2015.7.29.

논문

박귀미, 〈뉴라이트 '교과서포럼'의 역사 인식과 그 비판〉, 아주대학교 석사학위 논문, 2007.

문성훈, 〈태극기 군중의 탄생에 대한 사회 병리학적 탐구〉, 《사회와철학》 36, 2018, 1~30쪽.

이영훈, 〈국사로부터 해방을 위하여〉, 《시대정신》 26, 2004.

기타 자료

이주영, 〈한국 국사학계의 인식론적 토대에 대한 재검토〉, 《교과서 포럼 제3차 심포지엄: "한국의 국사학계와 국사 교과서, 무엇이 문제인가?"》, 2005.

영어 자료

Bustikova, Lenka, "Revenge of the Radical Right", *Comparative Political Studies* 47(12), 2014, pp.1738~1765.

Chutel, Lynsey. "Who Is Viktor Orban, Hungary's Authoritarian Leader and Friend of Trump?", *The New York Times*, 2024.11.8.

Deole, Sumit S., "Immigration and the Rise of Far-Right Parties in Europe", *ifo DICE Report* 15(4), 2017, pp.10~15.

Fennema, Meindert, "Some Conceptual Issues and Problems in the Comparison of Anti-Immigrant Parties in Western Europe", *Party Politics* 3(4), 1997, pp.473~492.

Huetlin, Josephine, "Inside Germany's Neo-Nazi Protests", *Daily Beast*, 2018.9.4.

Lee, Yoonkyung, "Cold War Undercurrents: The Extreme-Right Variants in East Asia", *Politics & Society* 49(3), 2021, pp.403~430.

Muis, Jasper, and Tim Immerzeel, "Causes and Consequences of the Rise of Populist Radical Right Parties and Movements in Europe", *Current Sociology Review* 65(6), 2017, pp.909~930.

Polyakova, Alina, and Anton Shekhovtsov. "On the Rise: Europe's Fringe Right", *World Affairs* 179(1), 2016, pp.70~80.

Sabbagh, Dan, "Growth of Far-Right Networks 'Fuelled by Toxic

Political Rhetoric'", *The Guardian*, 2019.10.7

Spanje, Joost van, "The Wrong and the Right: A Comparative Analysis of 'Anti-Immigration' and 'Far Right' Parties", *Government and Opposition* 46(3), 2011, pp.293~320.

Walker, Shaun, and Flora Garamvolgyi, "Viktor Orbán Sparks Outrage with Attack on 'Race Mixing' in Europe", *The Guardian*, 2022.7.24.

"Viktor Orban's Illiberal Democracy", *BBC Newsnight*, 2018.4.26.

8장

기사, 뉴스

고영덕, 〈베일 벗는 어버이연합 배후 인력〉, 《경향신문》, 2016.4.27.
김도균, 〈리포트+: 태극기가 어쩌다가…3·1절 국기 게양에 부담 느끼는 사람들〉, 《SBS 뉴스》, 2017.3.1.
김민주, 〈친박 복심 조원진 대한애국당 창당〉, 《국제신문》, 2017.7.9.
박찬형, 《한국 노인 OECD 최고 자살률…노인들이 가장 힘들어하는 것은?》, 《KBS 뉴스》, 2019.9.29.
성연철, 〈'박근혜 비상체제' 출범〉, 《한겨레》, 2011.12.19.
장나래, 〈'조롱·혐오 팔이'로 억대 수입…'보수 유튜버' 다시 활개〉, 《한겨레》, 2020.7.20.
조원진, 〈조원진, 친박집회에서 '자유한국당 탈당' 발표〉, 《한겨레》, 2017.4.8.
허진무, 〈탄핵 반대 집회에 성조기가 왜 빠짐없이 등장하나〉, 《경향신문》, 2017.2.26.
황금비, 〈영상+: 청년? 경제? 태극기부대? 자유한국당 당원들에게 물어봤다〉, 《한겨레》, 2019.2.28.
윤형준, 〈새누리당 당명 '자유한국당'으로 변경〉, 《한겨레》, 2017.2.8.
〈친박 단체, 새누리당 창당〉, 《국제신문》, 2017.4.6.
〈변희재의 시사폭격: 새누리당 창당, 남재준 추대 불가, 대선 이후가 더 중요!〉, 《미디어워치 TV》, 2017.4.6.

논문

조한석·박명호, 〈한국에서의 연동형 비례대표제 실험: 21대 총선을 통해 본 선거제와 정당 체제〉, 《사회과학연구》 27(3), 2020, 204~226쪽.

영어 단행본

DeFronzo, James, *Revolutions and Revolutionary Movements*, Westview, 2014.

Gurr, Ted R., *Why Men Rebel*, Princeton University Press, 1970.

Lichbach, Mark I., *The Rebel's Dilemma*, University of Michigan Press, 1995.

Snyder, Scott A, *In South Korea at the Crossroads: Autonomy and Alliance in an Era of Rival Powers*, Columbia University Press, 2018, pp.114~142.

영어 논문

Carlin, Ryan E, "Distrusting Democrats and Political Participation in New Democracies: Lessons from Chile", *Political Research Quarterly* 64(3), 2011, pp.668~687.

Choi, Young Jong, "South Korea's Regional Strategy and Middle Power Activism", *The Journal of East Asian Affairs* 23(1), 2009, pp.47~67.

Citrin, Jack, and Laura Stoker, "Political Trust in a Cynical Age", *Annual Review of Political Science* 21, 2018, pp.49~70.

Francisco, Ronald A, "Theories of Protest and the Revolutions of 1989", *American Journal of Political Science* 37(3), 1993, pp.663~680.

Gurr, Ted R., and Will H. Moore, "Ethnopolitical Rebellion: A Cross-Sectional Analysis of the 1980s with Risk Assessments for the 1990s", *American Journal of Political Science* 41, 1997, pp.1079~1103.

Hellmeier, Sebastian, and Nils B. Weidmann, "Pulling the Strings?

The Strategic Use of Pro-government Mobilization in Authoritarian Regimes", *Comparative Political Studies* 53(1), 2020, pp.71~108.

Hwang, Injeong, and Charmaine N. Willis, "Protest by Candlelight: A Comparative Analysis of Candlelight Vigils in South Korea", *Journal of Civil Society* 16(3), 2020, pp.260~272.

Kim, Eun-Jin, "A Study on the Political Communication of the Elderly on SNS", *Journal of Communication Research* 56(4), 2019, PP.188~239.

Kim, Tae-wan, Ju-mi Lee, and Jin-wook Jung, "A Study of Elderly Poverty and Depression: Focusing on the Multidimensional Concept of Poverty", *Health and Social Welfare Review* 35(3), 2015, 71~102.

Kowalewski, David, "The Protest Use of Symbolic Politics: The Mobilization Functions of Protester Symbolic Resources", *Social Science Quarterly* 61(1), 1980, pp.95~113.

Levi, Margaret, and Laura Stoker, "Political Trust and Trustworthiness", *Annual Review of Political Science* 3(1), 2000, pp.475~507.

Lichbach, Mark I., "What Makes Rational Peasants Revolutionary?: Dilemma, Paradox, and Irony in Peasant Collective Action", *World Politics* 46(3), 1994, pp.383~418.

Mishler, William, and Richard Rose, "Trust, Distrust and Skepticism: Popular Evaluations of Civil and Political Institutions in Post-Communist Societies", *The Journal of Politics* 59(2), 1997, 418~451.

Nadan, Amos, "Economic Aspects of the Peasant-Led National Palestinian Revolt, 1936-39", *Journal of the Economic and Social History of the Orient* 60(5), 2017, pp.647~682.

Newton, Kenneth, "Trust, Social Capital, Civil Society, and Democracy", *International Political Science Review* 22(2), 2001, pp.201~214.

Pan, Jennifer, and Alexandra A. Siegel, "How Saudi Crackdowns Fail to Silence Online Dissent", *American Political Science Review* 114(1), 2020, pp.109~125.

Shin, Jin-Wook, "Changing Patterns of South Korean Social Movements, 1960s-2010s: Testimony, Firebombs, Lawsuit and Candlelight", ed. David Chiavacci, Simona Grano, and Julia Obinger, *Civil Society and the State in Democratic East Asia: Between Entanglement and Contention in Post High Growth*, Amsterdam University Press, 2020, pp.239~268.

Tezcur, Gunes Murat, "Ordinary People, Extraordinary Risks: Participation in an Ethnic Rebellion", *The American Political Science Review* 110(2), 2016, pp.247~264.

Smidi, Adam, and Saif Shahin, "Social Media and Social Mobilisation in the Middle East: A Survey of Research on the Arab Spring", *India Quarterly* 73(2), 2017, pp.196~209.

Yang, Myungji, "Defending "Liberal Democracy"? Why Older South Koreans to the Streets against the 2016-17 Candlelight Protest", *Mobilization: An International Quarterly* 25, no. 3 (2020): 365-382.

Zeitzoff, Thomas, "How Social Media Is Changing Conflict", *The Journal of Conflict Resolution* 61(9), 2017, pp.1970~1991.

보고서 및 데이터

이상미·박희숙·김상옥·김현화, 〈노인 복지 향상을 위한 설문조사 연구〉, 남양주시 보고서. https://www.gplib.kr/common/file/download.do?fno=9412&type=poc&key=2203300470321 (2023년 1월 11일 접속).

OECD, "Poverty Rate". https://data.oecd.org/inequality/poverty-rate.htm#indicator-chart (2023년 1월 10일 접속).

통계청, 〈노인빈곤율〉. https://www.index.go.kr/unity/potal/main/EachDtlPageDetail.do?idx_cd=1024 (2023년 1월 10일 접속).

World Bank, "Data: GDP (current US$)". https://data.worldbank.org/indicator/NY.GDP.MKTP.CD?end=2017&most_recent_value_desc=true&start=1960 (2024년 4월 14일 접속).

World Bank, "Data: GDP per Capita (current US$)". https://data.worldbank.org/indicator/NY.GDP.PCAP.CD?end=2017&most_recent_value_desc=true&start=1960 (2024년 4월 14일 접속).

영어 기사 및 기타

Cheng, Edmund W., "Spontaneity and Civil Resistance: A Counter Frame of the Umbrella Movement", ed. Edmund W. Cheng and Ngok Ma, *The Umbrella Movement: Civil Resistance and Contentious Space in Hong Kong*, Amsterdam University Press, 2019, pp.51–76.

Karatnycky, Adrian, "Ukraine's Orange Revolution", *The New York Times*, 2005.4.12.

Shearlaw, Maeve, "Egypt Five Years On: Was It Ever a 'Social Media Revolution'?", *The Guardian*, 2016.1.25.

Vargas, Jose Antonio, "How an Egyptian Revolution Began on Facebook", *The New York Times*, 2012.2.17.

"Wael Ghonim: Creating A 'Revolution 2.0' In Egypt", *The National Public Radio, Fresh Air*, 2012.2.9.

Wakabayashi, Daisuke, Claire Fu, Isabelle Qian, and Amy Chang Chien, "Even as China Eases Covid Rules, Some Youths Still Fear a Grim Future", *The New York Times*, 2022.12.10.

9장

기사, 뉴스

고유찬·양인성, 〈"대통령 지키자" 2030 '백골단' 수십 명 관저 앞 등장〉, 《조선일보》, 2025.1.8.

고유찬·이민경, 〈"국민이 부른 대통령 지킨다" 尹 국민변호인단 청계광장서 출범〉, 《조선일보》, 2025.2.13.

구민지, 〈계엄 배경 설명하면서 중국만 '73번'…증언 왜곡까지〉, 《MBC 뉴스데스크》, 2025.2.19.

김경필, 〈[담화 전문] 尹 "野 탄핵 남발로 국정 마비…계엄, 패악 경고하려 한 것"〉, 《조선일보》, 2024.12.12.

김명일·최혁, 〈[인터뷰] 이준석 "공정한 남녀관계 요구하는 것이 여혐인가?"〉, 《한경닷컴》, 2021.5.8.

김성호, 〈[김성호의 독서만세 254] 천관율, 정한울 〈20대 남자〉〉, 《오마이뉴스》, 2024.11.4.

김수정, 〈학자금 대출에 빚투, 결국 불법 사채로…'빚 수렁' 벼랑 끝 2030〉, 《조선일보》, 2024.1.22.

김수혁, 〈김문수가 부른, 나경원이 찾아간 '청년'들은 누구인가〉, 《시사IN》, 2025.4.16.

김수호, 〈尹, 갑자기 "우리 청년들" 언급한 이유 있나〉, 《서울경제》, 2025.1.15.

김승재, 〈尹 "꿈 키워야 하는 청년들 현실에 좌절하지 않을까 더 걱정"〉, 《조선일보》, 2025.1.28.

김유진, 〈주거 사다리 끊겼다…'부모 찬스' 없으면 평생 월세 신세〉, 《조선일보》, 2024.1.25.

노지운·김린아, 〈'법원난동' 2030 뒤엔…유튜브 '신남성연대' '그라운드씨'〉, 《문화일보》, 2025.1.21.

민서영, 〈나경원 '헌재·선관위 외국인 임용 제한' 법안 발의〉, 《경향신문》, 2025.2.18.

박소영, 〈중국 혐오로 번지는 신종 코로나바이러스 사태〉, 《한국일보》, 2020.1.28.

손현수, 〈"계엄날 아무 일 없었잖나" 윤석열 발언에 국힘서도 "공허한 말"〉, 《한겨레》, 2025.2.5.

오연서·권오성, 〈중국 검색하면 감염·공포…'짱깨' 혐오표현 사흘 만에 31배〉, 《한겨레》, 2020.3.10.

유혜은, 〈"중국인들, 탄핵 찬성집회 참여"…김민전, SNS에 사진 공유〉, 《JTBC 뉴스》, 2025.1.5.

이승준, 〈윤석열 "탄핵소추 되고 보니 이제야 대통령이구나 생각 들어"〉, 《한겨레》,

2025.1.17.
이오성, 〈중국의 모든 것을 싫어하는 핵심 집단, 누굴까?〉,《시사IN》, 2021.6.17.
이찬규·이아미, 〈"중국인 나가" "한국말 해봐" 행인 봉변〉,《중앙일보》, 2025.1.18.
이혜리, 〈2030 남성, 그들은 왜 탄핵 집회에 없었나〉,《주간경향》, 2025.1.13.
장구슬, 〈尹측 석동현 "시민·청년 중심 국민 변호인단 모집"〉,《중앙일보》,
    2025.2.1.
전경웅, 〈총선 노리는 中 여론 조작〉,《자유일보》, 2023.9.5.
전남혁·서지원·이수연, 〈'법원 난입-시위' 절반이 2030…"젊은 남자들 많아 깜짝
    놀라"〉,《동아일보》, 2025.1.21.
천관율, 〈20대 남자, 그들은 누구인가〉,《시사IN》, 2019.4.15.
〈도 넘은 중국 음모론〉,《YTN》, 2025.2.22.
〈민주당이 중국에 방화 사주?〉,《JTBC뉴스룸》, 2025.3.27.
〈정치세력 방화설·중국 작전설까지〉,《MBC 시선집중》, 2025.3.25.
〈중국 국적 유권자만 무려 11만 명 '선거 결과에 큰 영향을 미칠 수 있는 규모…
    정책적 대안 필요'하다는 안철수 의원〉,《목포MBC뉴스》, 2025.3.28.
〈[팩트체크] 헌재 앞 가짜 경찰?〉,《JTBC뉴스룸》, 2025.3.25.

온라인 자료

〈윤석열 변호인 김계리 안정권 전화통화 녹취공개!〉,《서울의소리》, 2025.4.24.
〈중국 · 북한 '영향력 공작'의 결과='부정선거'〉,《황교안TV》, 2025.2.3.
〈12.3 '선관위 연수원' 중국 간첩단 검거 작전은 미 정보당국 산하 '블랙옵스팀'이
    했다고 한다〉,《황교안TV》, 2025.2.2.

영어 기사 및 논문

Milosav, đ., Dickson, Z., Hobolt, S. B., Kluver, H., Kuhn, T., and Rodon,
    T., "The youth gender gap in support for the far right", *Journal of European Public Policy*, 2025, pp.1~25.
Breeden, Aurelien, and Aida Alami, "Why More French Youth Are
    Voting for the Far Right", *The New York Times*, 2024.7.4.
"Are young men increasingly supporting the far right?", (source
    unspecified).

극우의 노래

초판 1쇄 펴낸날	2025년 7월 18일
지은이	남태현
펴낸이	박재영
편집	임세현·이다연
마케팅	신연경
디자인	조하늘
제작	제이오
펴낸곳	도서출판 오월의봄
주소	경기도 파주시 회동길 513 203호
등록	제406-2010-000111호
전화	070-7704-5240
팩스	0505-300-0518
이메일	maybook05@naver.com
X(트위터)	@oohbom
블로그	blog.naver.com/maybook05
페이스북	facebook.com/maybook05
인스타그램	instagram.com/maybooks_05
ISBN	979-11-6873-150-9 03300

이 책은 저작권법에 따라 보호받는 저작물이므로 무단전재와 복제를 금합니다.
이 책 내용의 전부 또는 일부를 이용하려면 반드시 저작권자와 도서출판 오월의봄에 서면 동의를 받아야 합니다.

책값은 뒤표지에 있습니다. 잘못된 책은 바꾸어 드립니다.

만든 사람들
책임편집	박재영
디자인	조하늘